有糾紛？
找調解會！

法律，是所有遊戲規則的最大界限。

界限之後，一片詭雷。

我們知道，再美好的法律制度，都免不了會傷害人。

尤其是⋯⋯【一直在狀況外的善良人】！

法蘭客 著

有糾紛？找調解會！

一早趕著出門上班，卻在路上發生車禍！

借了筆錢給好友應急，時間到了，好友卻推三阻四還不出來……

房客拖欠租金不繳、租約到期也不搬走，房東不知如何是好？

屋裡浴室天花板漏水，想找樓上屋主協商解決，對方竟相應不理！

老王出了一批貨給客戶，但遲遲收不到貨款！

李小姐透過仲介公司買了一間中古屋，搬進去不久，才發現自己竟然買到了一間海砂屋！

小明和朋友去KTV唱歌，卻和隔壁包廂的客人起了衝突，一番推擠拉扯後，雙雙掛彩！雙方報警互告對方傷害……

劉先生和太太去五星級飯店用餐，回家後夫妻倆卻上吐下瀉，雙雙到醫院掛急診，醫生說是吃了不乾淨的食物，才會染上急性腸胃炎，……

阿花想讓自己身材更有曲線，去醫美診所進行抽脂手術，不料術後結果不如預期……

阿倫在社群網站上傳了一張自認帥氣的自拍照，莫名其

妙地被網友留言罵白癡、屁孩去吃屎！

　　剛離婚的張先生想和前妻協調小孩的探視權，前妻也想要張先生負擔小孩的扶養費，雙方各有堅持，互不相讓……

　　林老太太往生後，留下了一大筆遺產，她的三個小孩為了遺產要怎麼分配，吵得不可開交……

　　以上列舉的一些案例，都是一般人可能會碰到的法律糾紛。找親友，親友未必幫得上忙；找里長，里長未必願意介入；找律師，要先準備一筆律師費；打官司，花時間又勞民傷財……除了這些途徑外，到底還有沒有更快又有效的管道，可以在不傷彼此和氣的前提下，把糾紛給解決呢？

　　有鑑於國民教育水準提升，個人權利意識抬頭，民眾已懂得要為自己爭取應有的權益，只是市面上許多有關保障個人法律權益的書籍，大多是教導讀者如何撰寫狀紙及上法院打官司，似乎還找不到一本教大家如何透過設在各地公所的調解委員會來解決私權糾紛的書。

　　《有糾紛？找調解會！》就是專為介紹一處能替大家解決糾紛，又能節省荷包、時間及勞費並取得和法院確定判決一樣有效的地方，也就是設置在全國各鄉、鎮、市（區）公所調解委員會的法律工具書。

　　本書除了要告訴您什麼樣的糾紛，可以找調解委員會幫忙？也要告訴您如何聲請調解？調解的流程是怎麼進行的？以及調解成立經法院核定後的調解書，具有什麼樣的法律效力？尤其本書所提供的〔調解實務小百科〕，更收錄了許多調解實務上您不可不知的獨家資訊，最後本書還提供您如何在調解過程中運用談判的技巧，來達到解決糾紛、避免訟累

的目的。

本書內容淺顯易懂，少有法律專門術語，不僅適合一般大眾閱讀，對於律師或從事調解業務的調解委員、秘書及幹事也多有助益。書中更提供了許多在調解委員會經常用到的各式聲請書表及範例，是本非常實用的法律工具書。

現代社會，由於工商發達、社會繁榮進步，身處資訊爆炸的時代，科技帶給人們生活上的便利，固有其正面貢獻，惟人與人之間緊密頻繁的互動關係，導致糾紛事件日增，亦為不爭的事實。普設於全國各鄉、鎮、市（區）公所的調解委員會，聘請地方上信望素孚及具專業背景的公正人士擔任調解委員，免費為民眾排難解紛、定爭息訟，大家應多多利用此一便民利民的良善制度，為疏解法院訟源，增進社會祥和，共盡一份心力才是。

此書得以順利付梓，特別要感謝臺北市大安區公所林區長明寬及各級長官的大力支持，尤要感謝臺北市大安區調解委員會王主席怡惠暨全體委員提供豐富的實務經驗與寶貴的調解技巧，讓本書內容更具可讀性及實用性，謹此併致謝忱！

法蘭客

自序於臺北・2019年10月15日

目錄
Contents

拾 調解會其他常用相關書表範例
及適用時機 …… 243

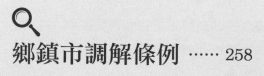

壹

概説

近年來，政府大力宣導「訴訟外紛爭解決機制」（ADR），也就是民眾對於私權糾紛的處理，除了可以向法院提起訴訟，由法院以判決的方式解決外，也鼓勵民眾多多利用〔調解〕、〔和解〕或〔調處〕、〔仲裁〕等訴訟外的方式來解決。

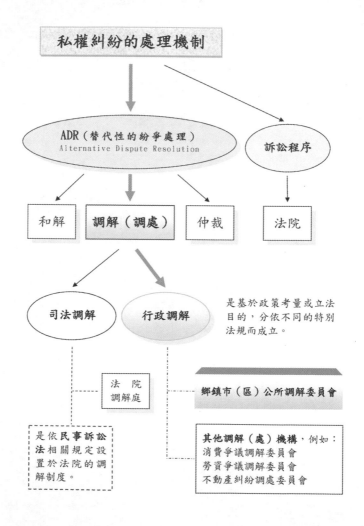

私權糾紛的處理機制

ADR（替代性的紛爭處理）
Alternative Dispute Resolution

訴訟程序

和解　　調解（調處）　　仲裁　　　法院

司法調解　　行政調解

是基於政策考量或立法目的，分依不同的特別法規而成立。

法　院
調解庭

鄉鎮市（區）公所調解委員會

是依民事訴訟法相關規定設置於法院的調解制度。

其他調解（處）機構，例如：
消費爭議調解委員會
勞資爭議調解委員會
不動產糾紛調處委員會

一、什麼是調解？

調解，是指一種藉由第三者（即調解委員）的參與，居間斡旋，經由溝通協調的程序，衡量事理之平，促使發生糾紛的雙方當事人相互退讓，依法合意達成共識，以達解決紛爭的一種制度。

換言之，〔調解〕本身並不是單純地進行法律諮商或心理輔導而已。遇有糾紛的當事人固然心中有苦，但最終還是希望可以不要為了一些小事情而上法院，如果能透過調解的機制把糾紛解決，豈不是更好！

此外，居間協調的調解委員既不是法官，也不是律師，更不是心理輔導員，儘管彼此扮演的角色不同，但調解過程中，調解委員必須保持客觀公正，既不能偏袒任何一方，也不能為任何一方代作決定，這和法官依法獨立審判、律師各為其主的辯護及心理輔導員傾聽並提供諮商的定位自是有別。

⚖️ 鄉鎮市調解條例第3條第1項

調解委員會委員（以下簡稱調解委員），由鄉、鎮、市長遴選鄉、鎮、市內具有法律或其他專業知識及信望素孚之公正人士，提出加倍人數後，並將其姓名、學歷及經歷等資料，分別函請管轄地方法院或其分院及地方法院或其分院檢察署共同審查，遴選符合資格之規定名額，報縣政府備查後聘任之，任期四年。連任續聘時亦同。

⚖️ 鄉鎮市調解條例第5條

鄉、鎮、市長及民意代表均不得兼任調解委員。

🔍 **調解實務小百科** ┄┄┄┄┄┄┄┄┄┄┄┄┄┄┄┄

調解委員的遴聘，早期較偏重德高望重、人生經驗閱歷豐富的地方仕紳擔任。在修法前，調解委員的聘任程序也較簡單，只需由鄉、鎮、市地方首長決定即可。雖說調解委員是個無給職，沒有薪水可領，但這卻是個備受尊崇的榮譽職。因此四年一任的調解委員遴選，仍吸引不少地方人士參與角逐。在競爭者眾而委員名額有限的情況下，地方首長常會面臨人情包袱或各界關說的壓力，如此一來，就未必能選出真正為民眾解決糾紛的適當人選。

有鑑於此，調解委員的遴選程序遂有了重大的變革，現行《鄉鎮市調解條例》第3條第1項的規定，一方面讓地方首長不必再為應徵人選的取捨而感到為難；另一方面，將遴聘調解委員的最終決定權委由地方法院及檢察署組成的「院檢聯合審查小組」來行使，不僅可杜絕人情關說，遴選程序也更為公開透明。

時至今日，由於人民的教育水準普遍提升，個人權利意識日漸抬頭，調解委員會光靠「信望素孚的地方耆老」，已不足以應付愈來愈多樣化的私權糾紛。因此廣納具有法律及其他專業知識的人才進入調解會，才能真正解決民眾的私權糾紛，以達疏解法院訟源的目的。

二、調解是一種法律活動

事實上，〔調解〕可以看成是一種談判的過程，調解程序是由一位具有專業背景或社會歷練豐富的調解委員充當和事佬，在對立的當事人間進行溝通協調，勸諭雙方化解歧見、相互讓步以促成糾紛的解決。

然而調解委員會的調解並不僅僅是有個第三者居間為當事人溝通協調而已，如果只是這樣，那麼調解委員所做的，就和地方上的村、里長處理地方鄉親的衝突，或是親族長輩們處理家族內的糾紛沒什麼差別了。

所以調解委員會的調解必須提升到法律上的層次，它主要的法源是《鄉鎮市調解條例》，這部法條不僅涵蓋了調解會組織的產生、調解程序的實質運作，也對調解成立經法院核定之法律文書的效力做了詳盡的規範。

經由調解的過程，對立的當事人與調解委員共同努力地將達成共識的內容，特定而具體地形諸於法律文字，由調解會作成調解文書後，連同整理裝訂好的事件卷宗一起函送到該管法院，再由法院分案給法官並經法官審核調解內容無誤准予核定後，由法官在〔調解書〕上簽章及加蓋法院印信，此時這份〔調解書〕就跟打官司取得確定判決的判決書一樣。將來當事人如果沒有依照調解成立的內容來履行義務時（例如張三應給付李四新臺幣1,000,000元整），有權利的一方就可以拿法院核定的〔調解書〕來作為「執行名義」[註]，再透過地方法院設置的民事執行處來聲請強制執行（例如李四可以向法院聲請查封張三的財產來取償）。

調解的目的就是希望經由這個程序，達到「紛爭一次性的解決」，不僅能有效地疏減法院的訟源，也有助於維持地方上的和諧，所以說調解是一種法律活動。

註：強制執行必須師出有「名」，債權人（指法律上具有行使權利的人）要有〔執行名義〕。

執行名義，是指法律上有權利的人，可以用來向法院聲請強制執行的依據，也就是表彰權利人在法律上對義務人（此指法律上負有履行義務的人）所具有的權利及其範圍的公文書。權利人有了執行名義，才能依法發動強制執行的程序。依《強制執行法》第4條的規定，執行名義計分6類。

⚖ 強制執行法第4條第1項

強制執行，依左列執行名義為之：

一、確定之終局判決。

二、假扣押、假處分、假執行之裁判及其他依民事訴訟法得為強制執行之裁判。

三、依民事訴訟法成立之和解或調解。

四、依公證法規定得為強制執行之公證書。

五、抵押權人或質權人，為拍賣抵押物或質物之聲請，經法院為許可強制執行之裁定者。

六、其他依法律之規定，得為強制執行名義者。

《強制執行法》第4條第1項第6款中所規定「**其他依法律之規定，得為強制執行名義者**」，在調解實務上，指的就是調解委員會依《鄉鎮市調解條例》作成並經法院核定的調解書。

三、調解不同於和解

〔調解〕與〔和解〕都是法律上的專有名詞,但二者在法律規範及效果上卻不盡相同,一般人不是很清楚其中的差異,在此說明如下。

(一)現行調解制度,採雙軌制

依照學者的分類,調解可區分為〔司法調解〕與〔行政調解〕兩種。

〔司法調解〕指的是依《民事訴訟法》規定而設在法院的調解制度,也就是在法院進行的「調解庭」。

〔行政調解〕則是指基於特定的政策或立法目的而依相關法規而成立的機構,例如依《鄉鎮市調解條例》設置在鄉、鎮、市(區)公所的調解委員會;為了保護消費者而依《消費者保護法》成立的消費爭議調解委員會或是為了保護弱勢勞工而成立的勞資爭議調解委員會。因為這一類的調解部門大多是設置在行政機關內,所以學術上稱為〔行政調解〕。

《有糾紛?找調解會!》就是要介紹屬於〔行政調解〕的一環,也就是依《鄉鎮市調解條例》規定設置在鄉、鎮、市(區)公所的調解委員會(以下簡稱調解會)。

（二）民事和解與訴訟上和解

1. 概說

所謂的〔和解〕也可分為兩種。一種是《民法》規定的〔和解〕；另一種是《民事訴訟法》規定的〔訴訟上和解〕。

《民法》規定的〔和解〕是一種契約關係，我們常聽到的「和解書」、「協議書」，指的就是這一類的〔和解〕。本於契約自由原則，只要當事人在不違反法律強制、禁止規定或有背於公共秩序、善良風俗以及不依法定方式的前提下，原則上雙方要如何約定，法律都予以尊重而不加以干涉。只不過有糾紛的當事人未必都嫻熟法律的規定，萬一協商過程沒有法律專業人士（例如律師）參與其中或是和解內容寫得不夠具體詳盡，日後恐會造成雙方各有不同的解讀而衍生爭議，最終還是要透過其他的法律途徑來解決。

⚖️ **民法第736條**

稱和解者，謂當事人約定，互相讓步，以終止爭執或防止爭執發生之契約。

⚖️ **民法第71條本文**

法律行為違反強制或禁止之規定者，無效。

⚖️ **民法第72條**

　　法律行為，有背於公共秩序或善良風俗者，無效。

⚖️ **民法第73條本文**

　　法律行為，不依法定方式者，無效。

　　至於〔訴訟上和解〕，因為是在訴訟中的法院所進行，和解內容有法官的參與，因此由法官居間作成的〔和解筆錄〕，除了比當事人的和解內容專業外，更重要的是訴訟上的和解成立後，法律也賦予它與確定判決有同樣的效力。

⚖️ **民事訴訟法第380條第1項**

　　和解成立者，與確定判決有同一之效力。

　　〔訴訟上和解〕就和在鄉、鎮、市（區）公所調解會調解成立經法院核定的調解一樣，都是透過訴訟以外的方式來解決私權糾紛，真要說兩者還有什麼差別，那可能是打官司取得〔訴訟上和解〕的結果，比起在調解會的調解更要多付出不少的時間成本與金錢的代價吧！

調解、訴訟上和解及和解契約的異同比較

	調解	訴訟上和解	和解契約
作成書面	要	要	口頭、書面皆可
書面名稱	調解書	和解筆錄	和解書、協議書
法律依據	鄉鎮市調解條例	民事訴訟法	民法
法律性質	調解會製作的公文書	法院製作的公文書	私人間的契約關係
作成時機	一審言詞辯論終結前	訴訟繫屬中	任何時間
作成地點	調解會或其他調解會指定的場所	法院	任何地點
既判力	有	有	無
執行力	有	有	無
法律效力	強	強	弱

2. 既判力與執行力

既判力一詞，係源自於日本的法律用語，又稱為判決實質上的確定力，也就是法院對個案的判決會產生實質拘束當事人與法院的效力。換句話說，當事人不能就同一案件再行起訴；法院也不得再就已裁判的個案法律關係，另為不同於確定判決意旨的裁判。

⚖️ 民事訴訟法第400條

除別有規定外，確定之終局判決就經裁判之訴訟標的，有既判力。

主張抵銷之請求，其成立與否經裁判者，以主張抵銷之額為限，有既判力。

執行力，是指法院將判決所命給付的內容予以強制實現的效力。當事人透過訴訟程序取得法院的確定判決或是作成訴訟上的和解筆錄，都有既判力與執行力。

四、調解不是幫當事人作公證、認證 或見證

公證與認證：屬於法院公證處或民間公證人事務所的業務。

見證：例如律師、會計師或具有公信力的第三人均可。

少數人對於調解會還有另一種誤解，以為雙方當事人雖

然沒有爭執，但還是希望能有個第三者能幫他們作個公證或見證什麼的，於是很自然而然地想到了調解會……

〔調解〕固然是一種法律活動，但公證、認證或見證也是法律制度的一環，像公證、認證業務有專責的機構負責，例如地方法院所設的公證處或民間公證人事務所。至於見證，一般會請律師或會計師來做，也可以找願意見證的人來擔任，但這都與〔調解〕的性質有別。

五、調解的好處

調解的好處很多，方便、省時、省力、省錢、有效又不傷和氣，在此簡述如下。

（一）方便

⚖ **鄉鎮市調解條例第1條前段**
鄉、鎮、市公所應設調解委員會。

⚖ **鄉鎮市調解條例第35條第2項**
本條例除前項規定外，於直轄市、市之區調解委員會準用之。

可知每個鄉、鎮、市（區）公所都設有調解委員會（以

下簡稱調解會），當事人便可就近到公所解決私人間的問題，不必翻山越嶺或舟車勞頓的上法院趕開庭。

　　聲請調解的程序也很簡單，帶著身分證、印章及相關資料，到公所填一張調解會已經幫您設計好的表格，就算完成聲請調解了。不知道怎麼寫的話，調解會現場也會有人協助指導，尤其在網際網路發達的今日，當事人也可透過公所的網站查看調解的相關資訊或是下載聲請調解的書表，填寫完後再以郵寄或親送調解會的方式辦理，實在方便的很。

　　如果糾紛經由調解而成立，調解會接著便會將案卷及調解書函送法院審核，讓公文去跑法院，當事人並不需要再跑法院，這樣是不是非常方便呢？

（二）省時

⚖️ 鄉鎮市調解條例第15條第1項

　　調解委員會接受當事人之聲請或法院之移付後，應即決定調解期日，通知當事人或其代理人到場。

⚖️ 鄉鎮市調解條例第15條第3項

　　第一項調解期日，應自受理聲請或移付之日起，不得逾十五日。但當事人聲請延期者，得延長十日。

　　聲請調解，可以郵寄聲請調解書或是親自到調解會聲請的方式辦理，調解會受理收件後，會立刻排訂開會的日期及

時間並製作〔調解通知書〕通知雙方當事人，該在哪一天的什麼時間？到什麼地點？辦理報到及進行調解。

親自到調解會聲請調解的當事人，可在第一時間知道調解會排定的調解期日及時間，萬一排好的開會日期或時間，聲請調解人因故或另有要事而無法出席，就可以當場另訂調解期日或時間。

如果您選擇解決糾紛的方式是打官司的話，身為原告的您將起訴狀送進法院，收發單位再分案給承審法官排定庭期，光是這一段公文流程可能就要花上些許時日；萬一當事人收到開庭通知，而出庭的日期正好您有要事在身而不能到庭，這下子您又要具狀檢附佐證資料向法院陳明不能出庭的理由並請求法院改訂庭期，一來一往間，便要耗費不少時日。可見調解會就這一點而言，可為當事人節省不少寶貴的時間。

（三）省力

調解會是個動之以「情」，說之以「理」的地方，如果雙方還是不能達成共識，不得已才會拿法律的規定來作說明，所以調解程序可說是一個以情、理、法的順序來解決私權糾紛的制度，不同於法院的訴訟，是以認事用「法」為先，兼理顧情在後的程序。

法諺有云：「舉證之所在，敗訴之所在。」當事人上法院打官司常要為了收集有利自己的證據資料而累的半死，光

這一點,調解會的調解就沒這麼多的規矩。只要雙方當事人願釋出善意、相互讓步,調解成立的機會就大了許多,畢竟準備再多的資料,還不如建立彼此互信的基礎,共謀解決紛爭的共識,這樣還比較實際且有利於雙方早日回歸正常的生活。

(四)省錢

倒個垃圾,還得花錢買垃圾袋,調解卻不用花一毛錢!有這麼好康?

⚖️ 鄉鎮市調解條例第23條

調解,除勘驗費應由當事人核實開支外,不得徵收任何費用,或以任何名義收受報酬。

是的,調解是不收費用或報酬的。為了鼓勵民眾善用調解制度解決糾紛,《鄉鎮市調解條例》的這條規定,打從立法以來,數十年間歷經十餘次修法,就從沒有動過這一條,這是政府的德政,實在值得讚許。

換句話說,打官司要先繳裁判費;聲請仲裁要繳仲裁費;但聲請調解的話,調解會從寄發通知書及聯絡當事人的郵資、電話費以及調解委員到會調解的出席交通費等等,都有公所編列相關的預算來支應,調解開會的場地也是由公所提供,當事人不花一毛錢,完全顛覆了「使用者付費」的觀念。

（五）有效

　　如果私權糾紛經由調解而成立，調解會則會將相關卷證連同調解書函送法院審核，當法院核定了這個雙方達成共識的調解內容後，這個由調解會為當事人作成的「調解書」，就與法院的確定判決有同樣的法律效力，可以作為執行名義，當事人對於同一件糾紛就不能再以其他的法律程序加以爭執，也就是所謂的「一事不再理」。請讀者參閱本書【陸、調解的效力】，會有更具體的相關說明。

（六）不傷和氣

　　不論是社區、街坊鄰居間或是夫妻、手足、親人間，甚至是多年好友或生意上的合作夥伴，如果彼此發生糾紛又私下協商不成，調解會的調解，都是最不傷感情也最不傷和氣的地方，所以調解程序的設計，堪稱是最符合人性的一種法律制度。

貳

哪些糾紛可以調解？

⚖️ 鄉鎮市調解條例第1條

鄉、鎮、市公所應設調解委員會,辦理下列調解事件:

一、民事事件。

二、告訴乃論之刑事事件。

調解會的調解,主要的法源是《鄉鎮市調解條例》,根據這一條規定,可知全臺有360餘處的鄉、鎮、市(區)公所都設有調解會,並辦理包括民事與告訴乃論刑事事件的調解業務。

一、民事事件

(一)原則上,一般民事糾紛都可以聲請調解

基於私權關係而衍生的民事糾紛,種類繁多,大體上可分為財產上的民事糾紛及身分上的民事糾紛兩大類。

民眾大大小小的事,調解會幾乎無所不調。舉凡債權債務(例如:借貸、跟會、合夥)、相鄰關係(例如:房屋漏水、越界建築)、商業交易(例如:買賣、承攬、仲介、投資)、智慧財產(例如:專利、著作、商標)或一般侵權行為(例如:交通意外、施工鄰損)等基於財產關係所衍生的糾紛。也可能是身分上的事件,因親屬、夫妻、親子間(例

如：繼承、遺產分割、未成年子女監護權義之行使、探視權或扶養費用的請求）等基於身分關係所衍生的糾紛，都在調解會可受理調解的範圍。

（二）例外不受理調解聲請的民事事件

有原則，就有例外。簡言之，並不是所有的民事糾紛都可以向調解會聲請調解。某些情形下，法律會根據個案的原因事實，將其歸由司法機關或其他調解（調處）機構處理。另有某些情形，是實務上認為根本就不能透過調解會來調解的，茲分別說明如下。

1. 確認某法律關係有效或無效、存在或不存在等事件

例如請求「確認座落於臺北市大安區和平東路○段○號○樓之房屋所有權為張三所有」、「確認○○股份有限公司股東會決議無效或不成立」或是「確認婚姻無效、婚姻關係存在或不存在」、「否認子女、認領子女」及「撤銷收養、撤銷終止收養」等事件，調解會通通不受理，這些事件都需要經由法院的訴訟或非訟程序來處理，並不能經由調解會的調解就能達到解決糾紛的目的。

2. 離婚的調解

《民法》規定的離婚，只有〔兩願離婚〕（一般也稱

為〔協議離婚〕）與〔裁判離婚〕兩種。夫妻協議離婚不成時，就只能上法院打離婚官司，調解會並沒有所謂的「調解離婚」。

⚖ 民法第1050條

兩願離婚，應以書面為之，有二人以上之證人簽名並應向戶政機關為離婚之登記。

⚖ 民法第1052條

夫妻之一方，有下列情形之一者，他方得向法院請求離婚：

一、重婚。

二、與配偶以外之人合意性交。

三、夫妻之一方對他方為不堪同居之虐待。

四、夫妻之一方對他方之直系親屬為虐待，或夫妻之一方之直系親屬對他方為虐待，致不堪為共同生活。

五、夫妻之一方以惡意遺棄他方在繼續狀態中。

六、夫妻之一方意圖殺害他方。

七、有不治之惡疾。

八、有重大不治之精神病。

九、生死不明已逾三年。

十、因故意犯罪，經判處有期徒刑逾六個月確定。

有前項以外之重大事由，難以維持婚姻者，夫妻之一方得請求離婚。但其事由應由夫妻之一方負責

者，僅他方得請求離婚。

調解會之所以不受理離婚調解的原因，在於離不離婚的法律關係上，沒有第三種折衷的選擇^(註)，調解委員實在難有介入的空間，而且這種個案通常還伴隨著夫妻財產、請求給付贍養費及未成年子女的監護、探視或扶養費用的請求或分擔等附帶條件，問題一籮筐，所以兩願離婚不成的夫妻，如果條件談不攏，就只能訴請法院打離婚官司一途了。

註：國外有夫妻分居達一定的年限後，可訴請離婚或視為離婚的立法例。

⚖️ 家事事件法第23條第1項
家事事件除第3條所定丁類事件外，於請求法院裁判前，應經法院調解。

從《家事事件法》的規定可知，離婚的調解指的是包括離婚事件在法院召開的調解庭，而不是在公所進行的調解會。

不論是〔兩願離婚〕還是〔裁判離婚〕，如果夫妻離婚後，還有前述的夫妻財產、請求給付贍養費及未成年子女的監護、探視或扶養費用分擔等問題需要調解會幫忙，那麼調解會還是可以就這類糾紛受理調解的。

有糾紛？找調解會！

3. 違反強制、禁止的規定或有背於公共秩序、善良風俗的事項

⚖ **民法第71條本文**

法律行為違反強制或禁止之規定者，無效。

⚖ **民法第72條**

法律行為，有背於或公共秩序或善良風俗者，無效。

　　無效的法律行為，在一般情形下，是自始、當然、確定地不發生效力，例如：請求清償賭債或同意賣身為奴，即為適例。由於這類的行為都違反公共秩序或善良風俗，不被法律認可，調解會依法自然欠難受理。即便調解會誤為受理並調解成立，因為調解內容有違以上的規定，負責審核的法院也不會核定。

⚖ **鄉鎮市調解條例第26條**

法院因調解內容牴觸法令、違背公共秩序或善良風俗或不能強制執行而未予核定者，應將其理由通知鄉、鎮、市公所。法院移付調解者，並應續行訴訟程序。

4.假扣押、假處分、公示催告、宣告死亡、禁治產宣告、公證、認證

這些都是屬於法院的法定權限,不能要求調解,至於公證、認證的業務,除了法院所設的公證處外,民間公證人也可以辦理。請參閱【壹、概說　四、調解不是幫當事人作公證、認證或見證】之相關說明。

5.關於租佃爭議、畸零地糾紛事件

這類事件,地政主管機關均設有專責的機構處理,調解會依法自不予受理。

6.事件已在第一審法院辯論終結者

⚖ 鄉鎮市調解條例第10條第3項

> 第一條所定得調解事件已在第一審法院辯論終結者,不得聲請調解。

〔調解〕可說是訴訟的前置程序,因此能透過調解而不要上法院,自然是最好不過,除非調解無望,不得已才會考慮打官司一途。

假如當事人都已經花了許多時間、金錢與精力打官司,在法庭上你來我往的進行攻防辯論,承審法官對於個案也有了相當的心證,當辯論終結後,意味者法院接下來就要做出裁判了。假如當事人此時卻突然轉而要聲請調解,調解會基於這個規定,依法自是不予受理。同理,如果案件已經在第一審法院做出判決了,但還在上訴中或是已經判決確定的案

件，當事人也都不能再回到調解會來請求調解^{（註）}。

　　註：上訴中的案件雖然不能重回調解會來調解，但當事人可以在訴訟中試行和解。

⚖️ **民事訴訟法第377條第1項**

法院不問訴訟程度如何，得隨時試行和解。受命法官或受託法官亦得為之。

⚖️ **民事訴訟法第380條第1項**

和解成立者，與確定判決有同一之效。

🔍 **調解實務小百科** ···

　　調解實務上，偶有個案的債務人明知債權人已取得執行名義（例如債權人已向法院聲請本票裁定確定或是債權人已獲得法院勝訴判決確定），但還是會來調解會聲請調解，此時債務人聲請調解的理由通常是說自己經濟上發生困難，還款能力有限，希望透過調解程序請債權人高抬貴手，這時調解會是否應該受理這類事件的調解呢？

　　依法，調解會自應不予受理，何況債權人若考量到債務人的難處而願意網開一面，雙方本可私下自行協商處理，並不需要經由調解的程序。然而調解會有可能在不知情（例如債務人隱匿債權人已取得執行名義的事實）的情況下受理了這類事件的調解，一旦雙方經由調解程序又調解成立的話，即便個案送請法院審核，還是極有可能被法院以違反《鄉鎮市調解條例》第10條第3項的規定而不准核定。

7. 其他法令規定有特別限制者

（1）基於公法關係衍生的糾紛，不能聲請調解

例如阿亮經營一家小吃店，某天突然接到主管機關「勒令歇業」的公文，這張公文的性質在法律上是一種〔行政處分〕[註]，如果阿亮不服，他只能按《訴願法》或《行政訴訟法》的規定，循訴願或行政訴訟的途徑來救濟，這類公法上權利的爭議事件是不能到調解會聲請調解的。

註：行政處分的定義。

⚖ **行政程序法第92條第1項**

本法所稱行政處分，係指行政機關就公法上具體事件所為之決定或其他公權力措施而對外直接發生法律效果之單方行政行為。

（2）屬於國家賠償的案件，不能聲請調解

例如阿亮騎車在大馬路上，因為路面有個大坑洞，阿亮閃避不及而摔得鼻青臉腫，那麼道路維護管理上有疏失的政府工務部門，就要對阿亮所受的損害負起賠償的責任。按《國家賠償法》的規定，阿亮應該要先提出國賠的聲請，由賠償義務機關先和被害人阿亮進行協議，協議不成時，阿亮只能向法院提起損害賠償的訴訟，這類所謂的「國賠案件」，也是不能到調解會聲請調解的。

⚖ **國家賠償法第3條第1項**

公有公共設施因設置或管理有欠缺，致人民生命、

身體或財產受損害者，國家應負損害賠償責任。

⚖️ **國家賠償法第10條**

依本法請求損害賠償時，應先以書面向賠償義務機關請求之。

賠償義務機關對於前項請求，應即與請求權人協議，協議成立時，應作成協議書，該項協議書得為執行名義。

⚖️ **國家賠償法第11條本文**

賠償義務機關拒絕賠償，或自提出請求之日起逾三十日不開始協議，或自協議開始之日起逾六十日協議不成立時，請求權人得提起損害賠償之訴。

🔍 **調解實務小百科** ·······························

　　調解實務上，政府工務部門通常會將道路維修工程委外請包商施作，一旦用路人發生車損人傷的意外，賠償義務機關可能會請包商以施工廠商的名義與被害人到調解會調解，間接規避了國家賠償的責任。

　　如果被害人也同意用這樣的方式來解決糾紛，調解會仍會受理調解的聲請，而且調解成立後，法院也會准予核定，以達疏解訟源的目的。

二、告訴乃論的刑事事件

　　刑事事件依照可否由被害人或依法得為告訴權人之提出告訴，可分為〔告訴乃論〕與〔非告訴乃論〕兩種類型，只有屬於〔告訴乃論〕的罪名，調解會才可以受理調解。

　　告訴乃論，是指被告涉嫌犯罪，依《刑法》或其他法律設有刑事罰的規定，必須由被害人或其他有告訴權的人，向偵查機關（例如：警察局、地方檢察署）申告犯罪的事實，並表示希望訴追的意思，國家才會進行追訴處罰的制度。

　　〔告訴乃論〕的罪名，通常法律會有「須告訴乃論」的明文，只有這類的刑事事件才可以聲請調解。例如：涉嫌傷害、過失傷害、公然侮辱、誹謗、毀損、侵入住居等罪名屬之，因為都是屬於侵害「個人法益」的告訴乃論刑事事件，調解會就會受理調解。

三、非告訴乃論的民事部分事件

〔非告訴乃論〕的刑事事件，也就是一般人俗稱的〔公訴罪〕，因為侵害的是「國家法益」或「社會法益」，惡害較為重大，例如：涉嫌殺人、強盜、搶奪、洗錢防制法、公共危險、偽造文書等罪名，調解會就不能受理。

至於詐欺、侵占、背信或竊盜等罪名，雖以侵害「個人法益」的情形居多，但法律上除非有「須告訴乃論」的明文，否則調解會依法仍不予受理。例如張三因為李四欠錢不還又避不見面，於是到警察局告李四涉嫌詐欺，同時又找上調解會要求調解對方涉嫌詐欺取財，因為〔詐欺取財罪〕是〔非告訴乃論〕的罪名，調解會不能受理，但張三不妨改以「詐欺案之民事清償債務」的名義聲請調解，那麼調解會就可以針對「清償債務」的民事部分來處理。

⚖️ **刑法第339條**

意圖為自己或第三人不法之所有，以詐術使人將本人或第三人之物交付者，處五年以下有期徒刑、拘役或科或併科五十萬元以下罰金。

以前項方法得財產上不法之利益或使第三人得之者，亦同。

調解實務上，有些個案的債權人去派出所、警局報案或到地方檢察署按鈴申告債務人涉嫌詐欺，無非是因債務人隱匿行蹤或不知去向，為了想把借出去的錢要回來，只好出此「以刑逼民」的下策，藉由公權力迫使債務人出來面對，未必是要債務人被判刑或被抓去關不可。

實務上，檢察官或檢察事務官在開庭時，如果徵得當事人（此指刑事案件中的被害人或有告訴權的人及被告或犯罪嫌疑人）的同意，也會將案件轉介到調解會調解。當然調解會此時就只能針對民事清償債務的部分去協調，至於涉嫌〔詐欺取財〕的罪名會不會成立？那是檢察官偵查的權限，調解會或調解委員並無權逕行認定。

這類所謂「假性財產犯罪」事件，被告（即債務人）是否有涉嫌詐欺取財的行為，有時經檢察官偵查終結後，發現並不是這麼一回事，因此也可能以罪嫌不足為由而對被告作成不起訴處分，並不一定會成立〔詐欺取財〕的罪名。

總而言之，〔告訴乃論〕的刑事案件，調解會固然可以調解，但在屬於〔非告訴乃論〕的刑事案件，例如：涉嫌詐欺、侵占、公共危險、偽造文書或竊盜等罪名的「民事」部分，例如：清償債務、貨款給付或損害賠償等，因其性質上等同於「民事事件」，因此調解會也可以受理聲請及進行調解。

是不是〔告訴乃論〕的罪名？當事人聲請調解時未必分得清楚，調解會當然可以就近提供諮詢。萬一被害人要聲請

有糾紛？找調解會！

調解的個案，正好屬於〔非告訴乃論〕的刑事事件，建議當
事人不妨換個方式，以上述屬於〔非告訴乃論〕刑事事件的
「民事部分」來作為調解聲請的事由或案由，這時調解會通
常是不會拒絕受理的。

40

參

如何聲請調解？

一、什麼人可以聲請調解或成為被調解的對象？

調解程序的「主體」，指的是調解程序中的「當事人」，當事人有兩造，一造稱為「聲請人」，也就是提出調解聲請的一方；另一造稱為「對造人」，也就是被調解的對象。好比訴訟程序中的兩造，稱提起訴訟的一造為原告，稱他造為被告，雖然用語不同，目的則是在區別當事人在糾紛中的角色而已。

偶爾調解會也會碰到雙方當事人一起講好去調解的情形，此時誰要當聲請人？誰要當對造人？都沒關係，因為調解程序中的雙方地位是對等的，所以只要大家講好了就可以。

在訴訟程序中，原告當然是指在法律上主張權利的人，被告則是法律上負有義務的人；但調解程序中，不論是法律上主張權利的人或是負有義務的人，都可以向調解會聲請調解，成為調解聲請人或成為被調解的對象。

（一）自然人

絕大多數的調解當事人是普羅大眾，法律上稱之為〔自然人〕。自然人，是指具有權利能力，在法律上可以享受權利與負擔義務的主體。

⚖️ 民法第6條

　　人之權利能力，始於出生，終於死亡。

　不論是本國人或外國人，只要是未受監護之宣告（或輔助之宣告）且年滿20歲的成年人或是已結婚的未成年人，都可以成為調解當事人並進行後續的實質調解程序。

⚖️ 民法第12條

　　滿二十歲為成年。

⚖️ 民法第13條第3項

　　未成年人已結婚者，有行為能力。

　未成年人（指無行為能力或限制行為能力之人）或受監護之宣告（或輔助之宣告）的成年人也可以成為調解當事人，一旦他們也有糾紛需要調解的話，在實質調解程序上，就必須再請他們的法定代理人或監護人出席調解才行。

⚖️ 民法第13條第1項、第2項

　　未滿七歲之未成年人，無行為能力。

　　滿七歲以上之未成年人，有限制行為能力。

⚖️ 民法第15條

　　受監護宣告之人，無行為能力。

⚖ 民法第1086條第1項

父母為其未成年子女之法定代理人。

⚖ 民法第1098條

監護人為受監護人之法定代理人。

　　例如18歲的小明有機車駕照，某日上學途中和別人發生車禍。小明是未滿20歲的未成年人，如果他想要到調解會聲請調解車禍糾紛，小明除了填寫自己的個人資料外，也必須將法定代理人——也就是小明的父母一起列進去。

　　召開調解會議時，小明的父母也必須到場調解，如果父母當中有一個人不能出席調解時，不能出席調解的父或母可以填寫〔委任書〕，委任能到場調解的父或母代理出席。如果小明的爸爸和媽媽都不能出席調解，那小明的父母就要填寫〔委任書〕委任年滿20歲的成年人代理出席調解。

　　〔委任書〕的格式請參閱【拾、調解會其他常用相關書表範例及適用時機　一、委任書（範例）及填寫須知】相關說明。

（二）法人

　　法人，指的是法律上可以行使權利與負擔義務的組織，例如：○○有限公司、○○股份有限公司、財團法人○○醫院、社團法人○○協會屬之。

（三）其他

政府機關（例如：○○市政府社會局、○○鄉農會）、學校（例如：○○大學、○○高中）、獨資商號（例如：○○小吃店、○○美髮院）及法律規定具有〔當事人能力〕的其他非法人團體（例如：○○公寓大廈管理委員會）等，只要有在主管機關設立登記（所謂的政府立案）的工商團體，基於「私權關係」衍生的糾紛，都可以成為調解當事人。

⚖ 民事訴訟法第40條第3項

非法人之團體，設有代表人或管理人者，有當事人能力。

二、要到哪裡聲請調解？

當然是鄉、鎮、市（區）公所的調解會囉！問題是要到哪裡的調解會聲請調解呢？這就涉及了管轄的劃分。

⚖️ 鄉鎮市調解條例第13條

聲請調解事件之管轄如下：

一、兩造均在同一鄉、鎮、市居住者，由該鄉、
鎮、市調解委員會調解。

二、兩造不在同一鄉、鎮、市居住者，民事事件由
他造住、居所、營業所、事務所所在地，刑事
事件由他造住、居所所在地或犯罪地之鄉、
鎮、市調解委員會調解。

三、經兩造同意，並經接受聲請之鄉、鎮、市調解
委員會同意者，得由該鄉、鎮、市調解委員會
調解，不受前二款之限制。

⚖️ 鄉鎮市調解條例第35條第2項

本條例除前項規定外，於直轄市、市之區調解委員
會準用之。

（一）兩造均在同一鄉、鎮、市居住者，由該 鄉、鎮、市調解委員會調解

　　調解的管轄是以行政區來劃分，而且是以「人」的住、
居所在地的行政區來判斷，假如當事人雙方都住在同一個行
政區，自然就是到雙方在地的鄉、鎮、市（區）公所調解會
聲請調解。

調解實務上,當事人往往弄不清楚〔聲請調解書〕上有關住所或居所(事務所或營業所)的欄位,是要填自己的戶籍地址?還是現居地的住址?有的公司行號在主管機關登記的事務所或營業所也和實際辦公或營業的場所地址不同,那該怎麼寫才對呢?

現代人因工作或求學等因素,不住在戶籍地的情況,比比皆是,調解會寄發的調解文書為了能在第一時間送達當事人的手上,建議當事人最好是寫能收得到調解文書的地址較妥,或是在填寫個人的戶籍地、公司行號登記的事務所或營業所所在地之外,另寫調解文書能「送達代收」的地址來解決這個問題。

(二)兩造不在同一鄉、鎮、市居住者,民事事件由他造住、居所、營業所、事務所所在地,刑事事件由他造住、居所所在地或犯罪地之鄉、鎮、市調解委員會調解

每個鄉、鎮、市(區)公所都設有調解會,辦的都是調解業務,為了盡可能符合公平、正義的原則,法律對於分住不同行政區的當事人,便在程序上,將管轄的利益歸給調解對造人。

這個規定簡單地說,就是當您和要調解的對象住在不同行政區時,要找對方調解,就必須要到對方住所或居所所在

地的調解會去聲請調解，而不是要對方配合您到您住的地方來和自己調解。這一款規定，是一般人不太容易搞清楚的部分，以至於聲請調解時，往往跑錯了調解會或以為是調解會在刁難推案。

以車禍事件的案例來說，假設張三住在臺北市大安區，他騎車行經臺北市萬華區時發生車禍，造成車損人傷，如果肇事的加害人李四是住在新北市永和區的話，那張三應該到哪裡的調解會聲請調解呢？茲說明如下。

48

1. 張三可以向臺北市大安區公所的調解會聲請調解嗎？

不可以。

按前述的規定，住在臺北市大安區的張三只能有選擇，他可以選擇向新北市永和區公所的調解會聲請調解（因為李四住在新北市永和區），或是向臺北市萬華區公所的調解會聲請調解（因為犯罪地，也就是車禍發生地在臺北市萬華區），就是不能向自己住居所在地的大安區公所調解會聲請調解。

之所以說案例中的「犯罪地」是車禍發生地，那是因為車禍造成張三受傷，受傷的被害人張三依法是可以對加害人李四提起涉嫌〔過失傷害〕的刑事告訴，因此臺北市萬華區公所的調解會可以根據這個規定受理調解的聲請。

⚖ **刑法第284條**

因過失傷害人者，處一年以下有期徒刑、拘役或十

萬元以下罰金；致重傷者，處三年以下有期徒刑、
拘役或三十萬元以下罰金。

　　如果被害人張三在車禍中沒有受傷，只有機車或單純財
物受損的話，由於《刑法》的毀損罪只處罰故意犯，沒有過
失毀損的罪名，此時張三如果到萬華區的調解會聲請調解，
調解會可能不受理。

⚖ 刑法第354條

　　毀棄、損壞前二條以外之他人之物，或致令不堪
　　用，足以生損害於公眾或他人者，處二年以下有期
　　徒刑、拘役或五百元以下罰金。

2. 張三可以向臺北市萬華區公所的調解會聲請調解嗎？

當然可以。

　　張三因為車禍受傷，如果是李四的過失所致，那麼在
刑事的部分，就可能涉嫌〔過失傷害〕，〔過失傷害〕屬於
〔刑事告訴乃論〕事件，犯罪地也就是案例中的車禍發生
地，張三也可以聲請調解。

　　如前所述，假設張三在車禍中人沒受傷，只有機車受損
的話，因為《刑法》的毀損罪並不處罰過失犯，不涉及刑事
犯罪的問題，所以萬華區的調解會就未必會認為本件有刑事
告訴乃論事件所謂的犯罪地，就有可能建議張三應該另向新
北市永和區公所的調解會聲請調解了。

不過法蘭客認為，調解會是為有需要解決糾紛的民眾而設，何況車禍是調解會在處理所有糾紛類型中，案件數量最多的一種，應該從寬認定，不論有沒有人在車禍中受傷，都應該受理調解較妥，這樣也比較符合一般人的期待。

此外，或許有人會覺得不解？張三是被害人耶！李四發生車禍之後，要是避不見面或不聞不問，結果法律還規定被害人必須到對方住的地方去聲請調解，這不是很不公平嗎？要回答這個問題前，法蘭客先從兩方面說起。

（1）先程序後實體原則

法律有個基本原則叫做〔先程序後實體〕，這個原則指的是處理法律問題，要先看法律在程序上是怎麼規定的？好比要玩一個遊戲前，我們必須先要知道遊戲規則是什麼，也就是先按程序的規定來做。

本單元有關【管轄區域劃分】的介紹，性質上屬於程序的規定，法律「先」規定您應該到哪個地方去提出調解聲請的「程序」，然「後」才再就本案糾紛的「實體」法律關係去做後續的調解。

🔍 調解實務小百科

調解實務上，有一種為當事人解套的做法。以本件車禍案例來說，假如住在臺北市大安區的被害人張三，他希望能在大安區調解會進行調解，前提是加害人李四也有意願到大安區的調解會調解才行。此時張三必須先出具內容寫有類如「李四同意到臺北市大安區調解會調解」意旨及李四簽名的

「同意書」，在聲請調解的同時交給調解會，基於為民服務的立場，大多數的調解會是願意受理受件的。

（2）誰是加害人？誰是被害人？猶未可知

另一方面，案例中的被害人張三因為車損人傷，固然處境值得同情，但有時候事件本身的是非對錯並不一定像本件案例那麼清楚，或事實的來龍去脈並不是那麼的明確，可能還有待進一步釐清時（也就是實體法律關係的部分），尤其是車禍事件中，可能雙方都有肇事責任，只是肇責比例不同而已。換言之，任何一方的車禍當事人既是被害人，同時也具有加害人的身分。因此法律在程序上作這樣的規定，也是不得不然的作法。

3. 張三可以向新北市永和區公所的調解會聲請調解嗎？

當然可以。

按前述的規定，不論是以民事的損害賠償或刑事涉嫌過失傷害的事由來聲請調解，新北市永和區公所的調解會都會受理這件車禍事件的調解。

當然調解當事人中的「聲請人」，不論是所謂的被害人或加害人；或是法律上享有權利的人或是應盡義務的人，都可以依管轄劃分的規定來聲請調解。

案例中的李四，如果他對於張三車禍受傷的不幸，願意勇於負責及表示解決問題的誠意，他也可以按這個規定，主動到臺北市大安區公所的調解會聲請調解，大安區調解會也

會受理李四的聲請；同理，李四這時就不能在自己住居的新北市永和區請求永和區的調解會幫忙囉！

（三）經兩造同意，並經接受聲請之鄉、鎮、市調解委員會同意者，得由該鄉、鎮、市調解委員會調解，不受前二款之限制

　　法律的規定，有原則就有例外，還有一種情形，叫做例外的例外。《鄉鎮市調解條例》這一款規定，就是一個例子。適用這一條款有兩個要件。

1. 必須雙方當事人同意
　　當事人通常要提供「雙方同意由○○調解委員會調解」的書面，或是在一方提出調解聲請時，檢附他方「本人同意由○○調解委員會調解」的同意書給調解會，以資佐證。

2. 必須是沒有管轄權的調解會同意受理調解
　　換句話說，適用這一條款的規定，必需要「三方合意」才行。

　　這個規定打破了前兩款有關管轄區域劃分的規定，讓當事人可以任選願意受理他們彼此間有糾紛的調解會來進行調解。例如：分別住在甲地與乙地的當事人，可以合意請求願意受理調解的甲地或乙地，甚至是丙地的調解會協助調解。從立法的目的觀之，無非是為了方便民眾能多多利用調解會

解決糾紛的功能，避免訟累而設。

調解實務小百科 ....

調解實務上，能適用到這一款情形的機會反而並不多見，因為聲請調解的時候，通常是當事人中的一方單獨提出聲請，對方未必知情，因此會適用到這一款規定，實務上大概有以下幾種情形：

1. 當事人間訂有契約，約定發生糾紛時，合意由第三地的調解會調解。
2. 當事人事前已取得共識，雙方又恰巧都不在自己的住、居所所在地，於是就近找第三地的調解會協助解決。
3. 聽說第三地的調解會，調解績效卓著，頗有口碑，當事人都願意由第三地的調解會協助調解。

無論如何，調解會是一個就近能協助大家解決糾紛的好鄰居，有需要的時候，不妨多多利用，特別是社區鄰里間的紛爭，如果里長、鄰長都插不上手的話（里、鄰長願意居中協調，做的是選民服務、賣的是人情，但有時候也不太願意得罪里民），就別忘了還有鄉、鎮、市（區）公所的調解會可以幫忙喔！

參、如何聲請調解？

三、聲請調解一定要經過對方的同意嗎？

鄉鎮市調解條例第11條

聲請調解，民事事件應得當事人之同意；告訴乃論之刑事事件應得被害人之同意，始得進行調解。

（一）聲請調解不需要先徵得對造人的同意

調解實務上，聲請人只要有對造人的姓名及住址，調解的事件又屬於民事或告訴乃論的刑事事件，調解會原則上都會受理。換言之，在「聲請調解」的時候，並不需要事先徵得當事人（此處應該是指對造人或被害人）的同意。

（二）你有權利聲請調解，我有權利不出席調解

雖然聲請人聲請調解時，不需要經由對造人或被害人的同意，調解會也會收件受理，並排訂開會期日及時間通知雙方到場調解，但對造人或被害人在收到調解會寄發的調解通知書後，也有權決定要不要出席調解。

由於調解會並沒有強制當事人必須出席調解的權力，對造人或被害人就算不出席調解，也不會因此而受到懲罰。《鄉鎮市調解條例》第11條的規定在解釋上，不是側重在本

條開頭所謂的「聲請調解」的階段，而是本條末尾所謂「始得進行調解」的規定，也就是說當事人一方不出席調解，就意味著「不同意進行調解」的意思。

（三）聲請人聲請調解後，也可以選擇不出席調解嗎？

　　按理說，既然是聲請人提出調解的聲請，聲請人似乎沒有理由不依照調解會排定的日期、時間出席調解，但調解實務上，聲請人聲請調解後，原本要到調解會解決糾紛的事情，也可能隨著時間的經過而有所變化。有可能是覺得調解無望，決定另走其他法律途徑（例如訴訟）；有可能是私下得知對造人屆期不會出席調解而不到場；也有可能是雙方願意先私下協商，暫時不需要調解會的幫忙，原因各不相同。

　　總而言之，調解會提供的平臺，就是讓願意透過調解機制解決糾紛的人多一個選擇的機會。調解程序的發動、進行與結束，都由當事人來決定，當事人一方或雙方都不出席調解，就是以調解不成立收場而已。

⚖ 鄉鎮市調解條例第20條本文
　　當事人無正當理由，於調解期日不到場者，視為調解不成立。

參、如何聲請調解？

肆

聲請調解書要怎麼寫？

一、聲請調解的方式

⚖️ 鄉鎮市調解條例第10條

聲請調解，由當事人向調解委員會以書面或言詞為之。言詞聲請者，應製作筆錄；書面聲請者，應按他造人數提出繕本。

前項聲請，應表明調解事由及爭議情形。

（一）書面

打官司要寫狀紙，聲請調解也要填寫〔調解聲請書〕。《鄉鎮市調解條例》規定聲請調解要以「書面」為之，但實務上為求統一及基於便民的考量，行政院法務部還是設計了制式的表格，以方便當事人知道要填寫些什麼內容。

〔調解聲請書〕可向各地的調解會索取，也可以上公所的網站去下載。依式填寫後，除了親自送件到調解會外，也可以用掛號郵寄的方式辦理，如果有和本案相關的事證資料（提供影本資料就好，正本自己保留）也記得一併附上。

至於「書面聲請者，應按他造人數提出繕本」的規定，調解聲請人不妨就以寫好的〔聲請調解書〕拿去影印後，以影本提供給調解會即可(註)。調解會在寄發〔調解通知書〕給調解對造人時，會附上〔聲請調解聲〕的影本或繕本，好讓受通知的調解對造人知道是什麼人？為了什麼事？要找他調解。

註：由於多數的調解聲請人是到了調解會現場才開始寫〔聲請調解書〕，現在各地的調解會基於便民、效率的理念，都會提供影印的服務，但是調解的對造人數或附件資料很多的話，可能就要請您自費影印囉！

（二）言詞

這是指調解聲請人以口頭陳述而由旁人代筆，把聲請人的意思化成文字寫在〔調解聲請筆錄〕上的聲請方式（調解會是不受理以電話聲請調解的）。

實務上，以言詞聲請調解是對於不善藉由文字表達，或是受傷無法執筆的民眾及教育程度不高或不識字的人，法律為了便民才設了這樣的規定。至於調解聲請人請誰代作筆錄都沒關係，只是代書的筆錄人要在〔聲請調解筆錄〕的「筆錄人」欄上簽名或蓋章，寫好的〔聲請調解筆錄〕還要當場唸給調解聲請人聽或交給調解聲請人過目後，沒有問題了，還要請調解聲請人再次簽名或蓋章，以便確認筆錄人所寫的內容是經過調解聲請人同意的。

有糾紛？找調解會！

60

（三）〔聲請調解書〕與〔聲請調解筆錄〕有何不同？

由以上的說明可知，由調解聲請人自行書寫的稱為〔聲請調解書〕；調解聲請人拜託別人幫忙代寫的則稱為〔聲請調解筆錄〕。

二、如何填寫聲請調解書？

有時候調解會針對較常受理的調解事件類型，例如：交通事故、租賃爭議或債務糾紛等個案，還會貼心地提供範例或設計不同的表格，方便調解聲請人填寫，以免聲請人久久無法下筆，不知從何寫起。

本書為了提供讀者聲請調解之需要，特別針對不同類型的糾紛事件，設計了許多實用的聲請調解書表供讀者參考運用，請參閱【玖、常用各式聲請調解書及相關書表範例】相關說明。

接下來，針對聲請調解書（筆錄）的格式，介紹填寫的技巧，聲請調解書（筆錄）範例，請參次頁。

第五號用紙 ①

聲請調解書（筆錄） ②	收件日期： 年 月 日 時 分
	收件編號： 案號： 年 調字第 號

稱　謂	姓　名（或名稱）	性別	出生日期	國民身分證統一編號	職業	住所或居所（事務所或營業所）	連絡電話
聲請人 ③							
對造人							

上當事人間 ④　　　　事件聲請調解，事件概要如下：

⑤

（本件現正在　　　地方法院檢察署偵查審理中，案號如右：⑥　　　　）

證物名稱及件數	⑦
聲請調查證據	⑧

此致　　　市　　　區 調解委員會

中華民國　　年　　月　　日

　　　　　　　　　　　聲請人：　　　　　　　　　（簽名或蓋章）⑨

上筆錄經當場向聲請人朗讀或交付閱覽，聲請人認為無異。

　　　　　　　　　　　筆錄人：　　　　　　　　　（簽名或蓋章）
⑩　　　　　　　　　　聲請人：　　　　　　　　　（簽名或蓋章）

附註：1.提出聲請調解書時，應按對造人提出繕本。
　　　2.當事人如有「法定代理人」或「委任代理人」應於「稱謂」一欄下記明之；如兼有兩者，均應記明。
　　　3.聲請人或對造人為無行為能力或限制行為能力者，應記明其法定代理人。
　　　4.「事件概要」部分應摘要記明兩造爭議情形，如該調解事件在法院審理或檢察署偵查中（該事件如已經第一審法院辯論終結者，不得聲請調解），並應將其案號及最近情形一一記明。
　　　5.聲請人如聲請調查證據，應將證物之名稱、證人之姓名及住居所等記明於「聲請調查證據」一欄。
　　　6.聲請人自行提出聲請調解書時，請將標題之「筆錄」二字及末欄刪除。

1. 用紙格式

　　最好使用法務部版「第5號用紙」的制式聲請調解書（筆錄）格式用紙或其他同格式A4尺寸紙張書寫，也可以上公所網站下載表格後，在電腦上登打相關內容後列印下來，或是自行列印表格後再撰寫，儘量不要用十行紙或其他不同格式的紙張來書寫。

2. 「收件日期」欄及「收件編號」欄

　　這是調解會收件時，給承辦調解業務的人填寫用的，聲請人不用填寫這兩欄。

3. 「稱謂」欄（當事人基本資料欄）

　　（1）稱謂欄分為「聲請人」欄及「對造人」欄，請分別依式寫上自己及對方的姓名、性別、出生日期、身分證統編、地址、電話，尤其是電話號碼，知道的話，最好寫上，好方便調解會或當事人雙方相互聯絡。

　　　　如果不知道調解對造人的出生日期、身分證統編，可以不填；但一定要記明對造人的姓名、地址，否則調解會無法以書函通知對造人來調解，調解會可以不受理調解的聲請。

　　　　一般而言，調解聲請人在對造人姓名欄內如果只寫「張太太」、「李先生」的話，即便調解會就依這樣的稱呼寄發開會通知書給對造人，多數情形下，是會被對方拒收或以查無此人等原因退回的。

🔍 調解實務小百科 ....

聲請人聲請調解時，如果沒有對方確切的地址，手邊只有聯絡的電話號碼，有的調解會為了便民，會幫忙打電話試著聯絡，看看對方有沒有意願調解？再請對方留下收得到調解通知書的地址，由調解會正式發函過去。

近年來，有鑑於詐騙電話橫行，為了避免民眾誤以為是詐騙集團打來的，調解會在第一次召開調解前，會避免以電話聯絡對造人，以免造成誤會。建議有需要聲請調解的民眾，還是設法先確定調解對造人的姓名及地址，並問明有無參加調解的意願後，再向調解會提出聲請，才不至於白跑一趟或白忙一場。

（2）《民法》第12條、第13條規定，滿20歲的人或雖未滿20歲，但已經結婚的人，才是成年人，在法律上才有完全的行為能力（也就是有享受權利，負擔義務的能力）。換言之，如果以未成年人為調解當事人的話，此時還要把法定代理人（通常是父母）一起列為調解當事人。

例如18歲的小明因為騎車不慎，撞傷了過馬路的王老太太，那麼聲請調解時，他應該把自己及父、母親一起列為調解聲請人，把王老太太列為調解對造人，這樣才算是符合法律的規定。

（3）如果聲請人或對造人是公司行號或機關團體時，法人、機關都有法定代理人或代表人，也就是俗

肆、聲請調解書要怎麼寫？

63

稱的負責人，除了公司全名要寫清楚以外，負責人的姓名最好也一併寫上，例如：宏運企業股份有限公司．法定代理人：李大偉，或者是財團法人慈愛醫院．法定代理人：郝仁樹（即院長）。商號的寫法，一般是寫上負責人的姓名，在姓名後加註括弧，括弧內寫上該商號名稱，例如：陳小春（即幸福小吃店）；至於公寓大廈管理委員會的部分，則是把管理委員會的全稱列出來後，再把主任委員的姓名寫上，例如：帝煌大廈管理委員會．主任委員：曾美麗。

（4）不知道對方公司或商號的地址，該怎麼辦？

由於公司、商號必須向政府主管機關依法設立登記，所以聲請人可以透過網路到經濟部商業司所設的〔商工登記公示資料查詢服務〕的網站，輸入公司或商號的名稱或統一編號，再作進一步的查詢。

在調解會最常調解的交通事故上，有時候聲請人也會有不知道對方地址的時候，如果車禍發生之初，有請警察到事故現場處理的話，因為警察局都有雙方當事人的個人資料，為了達成糾紛解決的目的，當事人可以向處理交通事故的警察機關申請他造當事人的地址資料。請參閱【玖、常用各式聲請調解書及相關書表範例　一、車禍損害賠償聲請調解書及相關書表範例　道路交通事故

當事人住址資料申請書（範例）】相關說明。

🔍 調解實務小百科

　　聲請人因發生交通事故到調解會聲請調解時，大多都會攜帶警方提供的〔道路交通事故當事人登記聯單〕，但登記聯單的內容很簡略，通常只有車禍發生的時間、地點及當事人的姓名、車牌號碼等記載，頂多是再把當事人的電話號碼寫上，〔道路交通事故當事人登記聯單〕上並不會記載當事人的地址或其他個人資料。

　　車禍當事人如果為了調解或訴訟之需要，當您到交通隊聲請車禍相關資料時（例如道路交通事故初步分析研判表、現場圖或照片），一定要主動提出並填寫〔道路交通事故當事人住址資料申請書〕。因為〔道路交通事故當事人住址資料申請書〕是提供申請人或利害關係人申請他造當事人地址資料用的表格，通常交通隊不會問你要不要申請對方的住址，也不會主動把對方的住址提供給您，這一點要請讀者特別留意，以免聲請調解後，又要再跑一趟交通隊去申請，徒增時間、勞費。

（5）不知道調解對造人的姓名，該怎麼辦？

　　　聲請調解人不知道調解對象的姓名，原則上調解會是不受理聲請調解的，已如前述。但有些私權糾紛，例外地可經由調解的方式取得對造人的地址。

　　　以房屋漏水的相鄰關係糾紛為例，假設住在2樓

的住戶，發現自家浴室天花板有滲水或漏水的情形時，經查是3樓住戶的排水管線年久失修造成的話，這時深受漏水之苦的3樓屋主，即便知道樓上住戶的地址（有門牌號碼可查），但未必知道屋主（即房屋所有權人）是誰？

為了達到糾紛解決的目的，現行調解實務的做法是聲請人可先向調解會聲請調解，再由調解會製發〔調解通知書〕並在發給聲請人的〔調解通知書〕「備註」欄內記載「請聲請人至地政機關申請對造人第三類建物謄本」，因為地政機關提供的第三類建物謄本會有房屋所有權人的姓名，聲請人到地政機關申請到謄本後，再回報給調解會，這樣調解會才能寄發〔調解通知書〕給正確的對造人（即房屋所有權人）。

有關房屋漏水衍生的糾紛，請參閱【**玖、常用各式聲請調解書及相關書表範例　四、相鄰關係事件聲請調解書及相關書表範例　都會人的惡夢：房屋漏水面面觀**】相關說明。

4.「事由」欄

為了讓參與調解程序的每一個人，包括調解當事人、調解會的調解委員、秘書，甚至是調解成立後負責審核調解內容的法院審核法官可以一目了然，在〔聲請調解書〕有個欄位是「**上當事人間……事件聲請調解，……**」，中間留白的部分，就是要請調解聲請人填寫「事由」的地方，例如：

車禍損害賠償、債務清償、履約爭議、消費爭議、侵權行為等。如果漏寫了或不知道要調解的事情是屬於什麼法律關係時，「事由」的部分，可向調解會諮詢或由調解會代為填寫。

5.「事件概要」欄

〔聲請調解書〕有一大片空白的欄位，這個部分就是要讓調解聲請人填寫〔事件概要〕及〔願意接受調解條件〕的地方。通常是先將事實經過簡要的描述出來，再將您與對方發生什麼樣的糾紛寫下來，最後再寫您願意接受的調解條件。

所謂的事實經過，通常是依您所認知的事實來書寫，除非有客觀的事實資料可以佐證，比方說交通事故中，〔交通事故登記聯單〕有警方紀錄的車禍發生時間、地點、車號等書面資料可供參考，那聲請人就依這個資料來填寫。否則書寫這個部分時，最好能清楚地寫明**人**（當事人或利害關係人）、**事**（所為何事）、**時**（發生的時間）、**地**（發生地）、**物**（標的物）等幾個要項，愈具體愈好，不要模稜兩可或語意不明，徒增判斷上的困擾。最好是以「時間」為主軸，再以這段期間發生的人、事、地、物貫穿於其上。

至於〔願意接受調解條件〕這部分要不要一併寫進去？聲請人可以自行斟酌。如果擔心對方看了自己開的條件可能就不想來調解或顧慮寫了就等於是把己方的「底線」告訴了對方，那麼聲請人可以不寫。

只要內容具體表明糾紛所在，用語上辭懇意切，讓收

到調解通知的對方，在看到聲請調解書的內容時，能感受到您亟欲解決問題的誠意而願意前來調解，這才是重點。所以聲請人儘量不要有情緒性或攻擊性的字眼出現在〔聲請調解書〕的〔事件概要〕欄裡，那種寫法對於促成調解，是絕對沒有任何助益的！

6.「本件現正在⋯⋯地方法院檢察署偵查審理中，案號如：⋯⋯」欄

聲請調解前，有的當事人可能因案涉訟，正在法院打官司，或是已提出刑事告訴或告發，案子正在地檢署偵查中，如果有法院或檢察署正在審理中或偵查中的案號，請在本欄位填上哪個法院或哪個檢察署的名稱（例如臺灣臺北地方檢察署），再寫上「案號」（例如○○年度偵字第○○號）。案號通常會列印在您所收到的開庭通知或刑事傳票上。如果聲請調解前沒有提出刑事告或這被告的話，當然就不會有所謂的「案號」，聲請人也就不必填寫這一欄了。

7.「證物名稱及件數」欄

如果有和本案相關的資料要提供給調解會作為佐證或參考用，可以在本欄填上資料的名稱及件數（例如租賃契約書影本1份，存證信函影本1份，本票影本3張）。「正本」的資料自己保留，提供「影本」資料給調解會就好，因為萬一調解不成時，正本的資料在將來打官司的時候，可能還會用到。

8.「聲請調查證據」欄

⚖️ 鄉鎮市調解條例第21條第1項

調解應審究事實真相及兩造爭議之所在；並得為必要之調查。

調解委員會依本條例處理調解事件，得商請有關機關協助。

調解實務上，絕大多數情形這一欄是不用填寫的，寫了也沒有什麼作用。調解會的權限很小，如果當事人一定要調解會代為調查個案中有關某事證的資料，除非該資料是在政府機關手中，那麼行政機關間基於彼此協力互助的原則，或許多少會幫點忙，但這還必須看想要聲請調查的事證資料是否符合相關法令的規定而定，如果要求調查的資料是在私人機構或調解對造人手上的話，泰半都會被拒絕的。

9.「此致○○調解會」欄、「日期」欄、「聲請人簽名蓋章」欄

向哪個縣、市的鄉、鎮、市（區）調解會提出聲請，就把那個縣、市名及鄉、鎮、市（區）名寫上，並填上日期，由本人親自簽名或蓋章，如果是公司行號，公司章及負責人章（俗稱公司大小章）也是蓋在這個欄位。

10.「筆錄人簽名蓋章」欄、「聲請人簽名蓋章」欄

如前所述，聲請人是本人親自填寫的稱為〔聲請調解

書〕，請別人代筆的稱為〔聲請調解筆錄〕。最後這一個欄位，就是前面所提過的，由代替當事人填寫〔聲請調解筆錄〕的筆錄人，在這個「筆錄人」欄上簽名或蓋章，調解聲請人本人也要在這個欄位再簽一次名或再蓋一次章，以便確認聲請調解所記載的內容沒有問題。

三、送件與收件

　　寫好後，聲請人就可以將〔聲請調解書〕親送、託人代送或是以掛號郵寄等方式送件到調解會。實務上，調解會不受理以「電話」、「傳真」或「電子郵件」等方式的聲請，調解會也不受理未經自然人憑證認證的網路聲請，這一點要請讀者留意。

　　調解會在收件後，會先確認事件糾紛的類型可不可以調解？也會判斷有沒有管轄權？符合規定了，才收件登記及編號，同時也開始了這個案子的調解程序。

伍

調解程序簡介

調解，原則上是採「當事人主義」，也就是調解程序的發動、進行與結束，主要是由當事人來決定，所以當事人才是調解程序的主體。調解會所提供的平臺，主要在於化解當事人間的歧見，進而謀求雙方共識，以達到解決紛爭的目的。當調解會受理了調解個案的聲請後，接下來便會依序進行一系列的調解程序。

調解流程圖

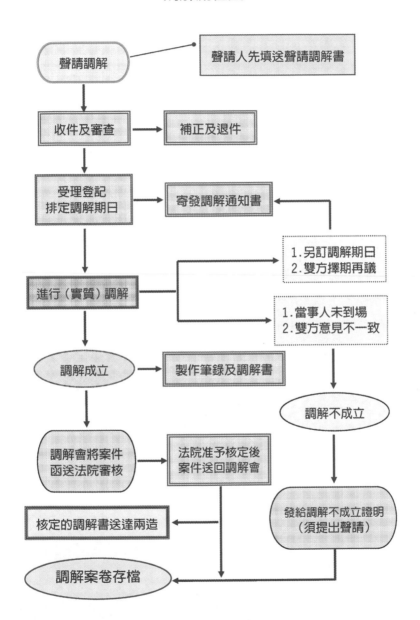

```
聲請調解 ─────────● 聲請人先填送聲請調解書
   │
   ▼
收件及審查 ───────▶ 補正及退件
   │
   ▼
受理登記
排定調解期日 ─────▶ 寄發調解通知書 ◀──────┐
   │                                        │
   │                          ┌─▶ 1.另訂調解期日  │
   ▼                          │   2.雙方擇期再議 ─┘
進行（實質）調解 ──────┤
   │                          │   1.當事人未到場
   ▼                          └─▶ 2.雙方意見不一致
調解成立 ────────▶ 製作筆錄及調解書      │
   │                                     ▼
   ▼                              調解不成立
調解會將案件      法院准予核定後           │
函送法院審核 ──▶ 案件送回調解會          ▼
   │                          發給調解不成立證明
   ▼                            （須提出聲請）
核定的調解書送達兩造 ◀────┘        │
   │                                    │
   ▼                                    │
調解案卷存檔 ◀──────────────────────────┘
```

一、聲請調解

　　調解程序，是從當事人向調解會提出聲請時開始。聲請調解時，聲請人應提供身分證件（例如國民身分證、健保卡或駕照、居留證或護照）以供查驗及核對。有關聲請調解的方式及如何填寫聲請調解書，請參閱【參、如何聲請調解？】及【肆、聲請調解書要怎麼寫？】等相關說明。

二、收件及審查：補正及退件

　　調解會收件後，會就聲請人填寫的〔聲請調解書〕作初步審查，主要是看聲請調解的事件可不可以調解？調解會有沒有管轄權？或其他需要當事人補正的地方，如果形式上審查都沒有問題了，就會受理登記及編號。如果依法不應受理調解或應補正而未補正時，就會將原件退還聲請人。

三、受理登記及排定調解期日

（一）聲請調解後，多久才會安排開會？

⚖️ 鄉鎮市調解條例第15條第1項、第3項

調解委員會接受當事人之聲請或法院之移付後，應即決定調解期日，通知當事人或其代理人到場。

第一項調解期日，應自受理聲請或移付之日起，不得逾十五日。但當事人聲請延期者，得延長十日。

按《鄉鎮市調解條例》第15條第1項及第3項的規定，調解會在受理聲請調解後，就會決定調解的期日及時間。原則上，調解會應自受理聲請之日起，15天內決定調解期日，並寄發〔調解通知書〕給雙方當事人或其代理人。

當事人如果是親自到調解會聲請調解的話，好處是在第一時間就能知道將來調解會安排在哪一天召開，假如預訂調解的期日及時間當事人剛好有事不能配合出席調解，也可以馬上和調解會討論是否能改訂別的日期或時間。只是《鄉鎮市調解條例》第15條第3項但書另有規定，當事人聲請延期的話，可以延長到10天。

🔍 **調解實務小百科** ....

隨著時空環境的改變，《鄉鎮市調解條例》的某些規定可能已經不合時宜了。雖然本條例規定調解會應在收件後15天內安排開會，但有些人口密集的都會區，受理調解的案

件數也相對較多。考量調解會人力、物力及經費資源有限的前提下，調解實務上，調解期日訂在收件15日後才開會的情況所在多有，此外當事人請求延期10天以上再進行調解的案例，亦屬常見。

　　當然，這也需要當事人雙方與調解會能相互體諒並願意協調配合才行。再怎麼說，調解會的調解和法院的訴訟程序相比，還是迅速又有效率多了。

（二）寄發調解通知書

○○市○○區調解委員會　調解通知書（範例）

發文日期：中華民國 ○ 年 ○ 月 ○ 日
發文字號：○市○調字第 *** 號

受通知人 地址姓名	受通知人地址：○○市○○區○○路○號○樓 受通知人：李○○　君
案　　　號	○ 年 ○ 調字第 *** 號
案　　　由	台端　　　與　　　王○○　　　間 車禍損害賠償　　事　件
應到時間	中華民國 ○ 年 ○ 月 ○ 日 ○ 午 ○ 時 ○ 分
應到處所	○○市○○區公所○樓調解室 （○○市○○區○○路○段○號○樓）
備　　　註	為期解決兩造紛爭，敬請屆期準時出席調解是禱。
附　　　註	一、受通知人於上開調解期日，須攜帶身分證、印章，親自到場。 二、本會準時開會，受通知人請於開會十分鐘前，持本通知書向本會報到。 三、當事人於其聲明或主張之事實或證據，如認為他造非有準備不能陳述者，應於期日前提出準備書狀，並得直接通知他造。於調解期日，並應攜同所舉證人及所用證物到場。 四、當事人兩造，各得推舉一人至三人列席調解會議，協同調解，並得邀其屆時自行到場。 五、當事人如不能親自到場，應出具委任書，委任代理人到場進行調解。 六、受通知人就本事件提出書狀時，應將案由、案號一併記載。 七、告訴乃論刑事事件，經依法通知無正當理由不到，得依被害人聲請移請管轄檢察官偵辦。 八、繫屬於第一審法院言詞辯論終結前之案件，應將起訴書、傳喚通知書一併攜同到場。
調解會 通訊方式	會址：○○市○○區○○路○段○號○樓 電話：**-****-****　　傳真：**-****-****

1. 調解通知書會記載些什麼？

〔調解通知書〕主要記載的內容，包括：受通知人的地址及姓名、案號、案由、應到的日期、時間及處所，並附註相關的注意事項及與調解會的聯絡方式。當事人依排定的調解期日及時間到調解會場報到時，最好把〔調解通知書〕一起帶去，以便調解會的工作人員能從〔調解通知書〕記載的內容，迅速地調出個案相關卷證。

🔍 調解實務小百科 ⋯⋯⋯⋯⋯⋯⋯⋯⋯⋯⋯⋯⋯⋯⋯

由於調解期日及開會的時間、場所是由調解會來決定，不是由當事人指定，因此接到調解通知書時，如果發現開會的日期或時間正好有事，不能如期到場調解的話，最好事先向調解會說明，請調解會另訂調解期日及時間。當然當事人雙方也可以先行協商後，再與調解會確認可否改訂其他調解期日或時間。

至於需不需要再發一次改期後的〔調解通知書〕給當事人？就視個案具體情況而定。例如當事人為了向公司請假，需要調解會發給〔調解通知書〕來證明或是當事人雙方確定只延後一天調解，但寄出去的〔調解通知書〕可能要兩天的時間才會收到，調解會不妨可以改以手機簡訊（除非當事人沒有留手機號碼）的方式通知，也就沒有再寄發的必要了。

2. 送達證書

調解會寄發給當事人的〔調解通知書〕，通常是以雙掛號的方式郵寄，並附有調解會製作的〔送達證書〕（類似郵局回執聯的作用），送達證書是用來判斷開會通知書是否已經送達當事人的依據。

調解實務上，若〔送達證書〕顯示〔調解通知書〕是在郵局招領或是寄存於警察機關，並不表示當事人就不會去領取或通知不到當事人；反之，〔送達證書〕顯示〔調解通知書〕已由當事人親領或家人、受僱人（例如設有社區管理委員會的管理員）代領，也不表示當事人屆期就會到場調解。因為當事人有權決定要不要到場調解，如果沒有意願出席，調解會也沒有權力強制當事人必須到場或為其他的處罰。

⚖ 鄉鎮市調解條例第22條第2項

調解事件，對於當事人不得為任何處罰。

四、進行實質調解

整個調解程序，進展到這個階段，可說是到了最為關鍵的時刻，因為糾紛的解決，也就是調解的成立或不成立，端賴調解過程中，調解當事人是否出席調解、雙方意見是否一致、調解條件能否達成共識而定。

當事人雙方這時才能面對面坐下來，針對事件糾紛進行溝通與協調，所以法蘭客稱此階段的調解為「實質調解」。

有糾紛？找調解會！

實質調解流程圖

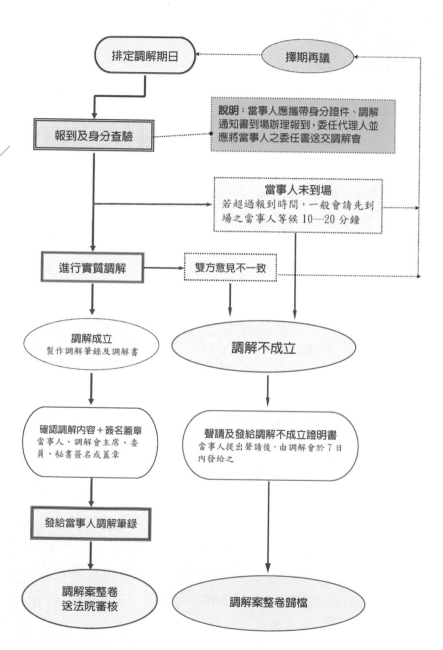

排定調解期日 ⟶ 擇期再議

報到及身分查驗

說明：當事人應攜帶身分證件、調解通知書到場辦理報到，委任代理人並應將當事人之委任書送交調解會

當事人未到場
若超過報到時間，一般會請先到場之當事人等候 10—20 分鐘

進行實質調解 ⟶ 雙方意見不一致

調解成立
製作調解筆錄及調解書

調解不成立

確認調解內容＋簽名蓋章
當事人、調解會主席、委員、秘書簽名或蓋章

聲請及發給調解不成立證明書
當事人提出聲請後，由調解會於 7 日內發給之

發給當事人調解筆錄

調解案整卷
送法院審核

調解案整卷歸檔

（一）排定調解期日

當事人於開會前應詳閱〔調解通知書〕上所記載的事項，在排定的調解期日按預定開會的時間提早10分鐘到指定的開會場所報到。

（二）報到、身分查驗及靜候上場調解

1. 報到

調解當事人到達調解會場後，調解會工作人員會請當事人先辦理報到，以確定調解個案的當事人是否已到達調解會場。如果是接受當事人委任而代理當事人出席調解會議的委任代理人，一樣也要先辦理報到。

實務上，調解往往不是只有當事人到場而已，會有一些陪同當事人出席調解的人，除了代理當事人到場調解的委任代理人，必須要出具委任書給調解會辦理報到外，其他陪著當事人到場的人，不論是家人、親友、律師、保險理賠人員或里長等，這些人是不需要辦理報到手續的。

2. 身分查驗

報到時，當事人應出示〔調解通知書〕及身分證件正本以供查驗。如果忘了帶〔調解通知書〕，最好記得調解事件的「案號」，否則只好辛苦調解會的工作人員查找了（因為調解會議的召開，常常是許多個案安排在同一個時段，在調

解會場分別進行的）。

如果是當事人或代理人沒帶身分證，也可以出示駕照或健保卡正本以供核對，當事人如果是外籍人士或尚未取得身分證的新移民，那就記得要提供護照或居留證以供核對身分。委任代理人除了要出示個人身分證件（代理人如果是律師，也可提供律師證）以供查驗外，還要出具委任書正本，送交調解會收存。〔委任書〕的格式請參閱【拾、調解會其他常用相關書表範例及適用時機　一、委任書（範例）及填寫須知】相關說明。

3. 靜候上場調解

完成報到及身分查驗後，調解會工作人員會請先到場的當事人在等候區稍坐，靜候尚未到場的另一方當事人完成報到手續後，再一起上桌進行調解。

🔍 調解實務小百科 ···

原訂的調解時間已過，但另一方當事人卻還沒現身時，已到場的當事人還要等多久呢？實務上，調解會的工作人員會請已到場的當事人靜候10到15分鐘，並利用這段時間以電話試著聯繫未到場的當事人，以確認是否正在趕來開會的路上。如果已到場的當事人不願意等候，又或者是未到場的當事人表示沒有意願調解，那麼案子在這個階段，就會以調解不成立結案。

（三）當事人未到場，視為調解不成立

⚖ 鄉鎮市調解條例第20條

當事人無正當理由，於調解期日不到場者，視為調解不成立。但調解委員認為有成立調解之望者，得另訂調解期日。

　　由於調解必須當事人雙方都願意坐下來談，調解會才能幫得上忙，因此「當事人無正當理由，於調解期日不到場者」，通常是指在開會前，〔調解通知書〕已合法送達（例如已由本人親自簽收或已由當事人的同居人或受僱人代收）而當事人無正當理由（例如出國、工作、生病等原因）未到場調解或未請求延期調解等情況而言。不論是一方未到場或是雙方都未到場，此時法律便給了「調解不成立」的法律效果。

　　至於本條例但書所謂「但調解委員認為有成立調解之望者，得另訂調解期日」的規定，在調解實務上，由調解委員來認定是否有望成立調解而另訂期日加開調解的案例，可說是絕無僅有。大抵還是由當事人自己來決定，也就是說當事人雙方如果還有意願繼續在調解會協商解決的話，調解會便會同意配合當事人的需要，再次安排日後的調解。

調解是不是要通知兩次或三次，對方不來，才算調解不成立？

這可能是一般人錯誤的認知，畢竟《鄉鎮市調解條例》並沒有這樣的規定。調解會基於當事人的請求而寄發調解通知書，另訂調解期日通知當事人再開調解的可能性是有的。

調解會無權強制當事人到場調解

當事人未到場和〔調解通知書〕有沒有合法送達並沒有太大的關聯。合法送達的情形，已如前述，當事人可以選擇要來調解或不來調解，調解會並沒有權力可以強制不來的一方到場調解或對之加以處罰。

如果〔調解通知書〕是寄存於當地警察機關（所謂的寄存送達）或在郵局招領中，因為不確定當事人是否會去領取或者雖然領取了，但已錯過原訂調解的日子，那麼調解會依當事人的要求，另訂調解期日並再次寄發〔調解通知書〕給雙方當事人，因為是合理可期的請求，調解會通常也會幫這個忙。但〔調解通知書〕如果是因拒收、查無此址或遷移新址不明等原因遭退回的話，事實上〔調解通知書〕已無從送達，除非有未到場當事人的電話號碼可以試著聯絡，直接詢問其是否有意願參加調解，否則這件案子一樣會在這個階段，以調解不成立結案。

（四）進行實質調解

1. 調解時，會有幾位調解委員在場？

⚖️ 鄉鎮市調解條例第7條

調解委員會調解時，應有調解委員三人以上出席。但經兩造當事人之同意，得由調解委員一人逕行調解。

本條例的規定相當彈性，由於調解程序是由調解會召開，所以各地的調解會在做法上便不盡相同，正常的情況是每件調解個案由三位調解委員進行調解；但有的調解會則是由主席偕同全體委員以合議的方式進行調解；有的調解會則因資源有限，要調解的案件又多（這種情形大多出現在人口密集的都會型調解會）還要兼顧調解品質，便只由一位調解委員以獨任的方式進行調解。

實務上，當事人只要在進行調解前，沒有表示反對由調解委員一人獨任調解的話，那麼調解程序上就沒有所謂違法或瑕疵的問題，畢竟調解的重點還是在於實質的調解過程及結果，而不是在參與調解的委員人數多寡上。

🔍 **調解實務小百科** ·······················

現在採合議方式調解的調解會，已有愈來愈少趨勢，因為調解的當事人可能只有兩個人（即聲請人與對造人），卻要面對七、八名以上的調解委員，反倒讓調解會議的氣氛變

得比較嚴肅，所以大多數的調解會還是採三人或一人獨任的方式進行調解。

2. 調解進行中，可不可以錄影或錄音？

這樣說吧！最好不要。

一來「於法無據」，雖然法律沒規定不可以，但也沒有規定可以；二來錄影或錄音的舉動，會使雙方協商的氣氛變僵，在互信基礎不足的情況下，容易橫生枝節，此舉無助於調解的成立，何況居間協調的調解委員也多不贊同，所以建議有此念頭的當事人，還是打消錄音、錄影的念頭較好。

調解的場合畢竟是希望當事人能針對糾紛之所在就事論事、暢所欲言，因此《鄉鎮市調解條例》在調解程序上並沒有加了太多的規定，有別於法院嚴謹的訴訟程序，必須藉由錄音或錄影來保存證據，功能有別，性質互異，自不能混為一談。

3. 調解時，可以請親友陪同在場嗎？

🔲 鄉鎮市調解條例第17條
當事人兩造各得推舉一人至三人列席協同調解。

基於本條例的規定，除了當事人外，關切案情的親友固然可以列席，受當事人委託的律師或專業人士也可以列席協同調解，但調解會場並不是個比人多的地方，所以法律在列席的人數上還是稍為作了限制。這也是希望列席協同調解

的人，是要能有助於調解成立的人，而不是來「幫倒忙」的人。

例如當事人不善言詞表達，需要旁人協助說明案情，又或者當事人是外籍人士，需有旁人協助翻譯。特別是調解會在處理最能發揮功能的車禍損害賠償事件上，如果有保險公司的理賠人員在場，提供當事人有關保險理賠專業的意見，甚至能確定保險公司理賠的金額與理賠的期限，常是促成調解成立不可或缺的好幫手。

附帶一提，協同調解人畢竟不是調解當事人，所以協同調解人如果想要表達個人意見時，最好先徵得主持會議的調解委員同意，彼此相互尊重，才能營造良好的調解氣氛。

4. 溝通與協調

⚖ 鄉鎮市調解條例第22條第1項

調解委員應本和平、懇切之態度，對當事人兩造為適當之勸導，並徵詢列席協同調解人之意見，就調解事件，酌擬公正合理辦法，力謀雙方之協和。

溝通與協調，可以說是實質調解中最重要的一環。當調解雙方分別坐定後，在進行溝通協調的程序前，調解委員通常會先確認出席調解的雙方身分，看是當事人本人，還是受當事人委任的代理人，以及陪同出席的是律師，還是當事人的親友，接下來才會請聲請人先說明為了什麼事情來調解。

在聲請人說明事件的原委時，調解對造人請稍安勿躁，

88

此時你不用急著搶話辯解，因為聲請人講完後，調解委員自然會把時間留給對造人，請對造人也表示自己的意見，藉由雙方陳述的內容，調解委員才能釐清糾紛的起因或事實的爭點，也才能更進一步地就雙方爭執所在，提供實務上或處理經驗上的想法或建言。

當雙方協商溝通的氛圍和諧，調解委員會請當事人各自提出具體的條件共同討論，調解委員可藉此觀察雙方互動的關係並運用調解技巧，勸諭雙方相互讓步，再嘗試提出解決的方案，朝建立雙方共識的方向繼續努力。

所以調解品質的良窳，除了有賴調解委員的調解技巧外，更有賴於當事人雙方釋出的善意及解決問題的誠意，尤其要儘量避免出現情緒性或攻擊性的言語反應或肢體動作。因此有經驗的調解委員大多會掌握當事人的心理及其需要，適時地掌握調解的節奏，促使雙方建立互信、促成共識，讓事情能順利地朝調解成立的方向進展下去。

（五）雙方意見不一致

調解的結果若是「雙方意見不一致」，後續的發展會有兩種情況，一種是擇期再議，另一種是調解不成立，合先敘明。

當事人坐上了調解桌，經過充分的溝通協商及調解委員的一番努力後，雙方仍然無法達成共識時，一直耗在那裡也不是辦法，如果事情還有轉圜餘地的話，調解委員此時會

詢問雙方是否願意擇期再議？雙方當事人同意的話，就由委員排訂下次調解期日，再接再勵。所以一件案子調解個兩、三次是常有的事。就算最後雙方意見還是不一致，調解不成立，總也不至於傷了彼此的和氣，大不了另循其他法律途徑（通常是訴訟，因為調解是訴訟的前置程序）解決，雙方重新來過。

（六）調解不成立，可聲請發給調解不成立證明書

1. 概說

🏛 鄉鎮市調解條例第30條第1項、第2項

調解不成立者，當事人得聲請調解委員會給與調解不成立之證明書。

前項證明書，應於聲請後七日內發給之。

調解不成立的情形有兩種，一是當事人未到場，另一是雙方意見不一致，都已在前面的單元介紹過。雖然調解不成立，但既然在調解會聲請過調解，就有受理登記調解的紀錄，當事人當然可以聲請〔調解不成立證明書〕，就算調解期日當天未到場的當事人，也可以聲請〔調解不成立證明書〕。

不過〔調解不成立證明書〕所記載的內容，除了雙方姓

名（但不包括出生日期及身分證號等個資）及事件概要外，主要是紀錄曾經召開調解的日期及不成立的原因（亦即當事人未到場或雙方意見不一致），並不會也無法把雙方調解的細節（例如雙方調解時說過的話或提出的調解條件等）一一紀錄進去。

　　由於調解會不會主動發給〔調解不成立證明書〕，所以有需要的當事人要自行提出聲請。請參閱【拾、**調解會其他常用相關書表範例及適用時機　四、發給調解不成證明聲請書（範例）及適用時機**】之相關說明。

　　此外，對於調解不成立的個案，調解會於整卷裝訂後會暫時歸檔。但並不是說調解不成立，雙方就非得上法院打官司不可，隨著時間的經過，如果情勢有了變化，雙方當事人願意再重回調解桌時，別忘了，調解會還是隨時能為當事人重開協商大門的。

調解不成立證明書範例

調解不成立證明書				○ 年 民 調 字 第 *** 號			
當 事 人 姓 名	性別	出 生 年 月 日	身 分 證 編 號	職業	住 所 或 居 所		
聲 請 人	林○○	女	詳卷	詳卷		○○市○○區○○路○號	
對 造 人	張○○	男	詳卷	詳卷		○○市○○區○○街○號	

1（ ）當事人不到場 2（V）雙方當事人意見不一致 3（ ）其他	說 明

上當事人間就民國（下同）○年○月○日○時○分許，發生於○○市
○○區○○路與○○路口，聲請人騎乘車號：ABC－***之機車與對造
人騎乘車號：***－XYZ 之機車於上開地點發生交通事故所生之車禍損
害賠償事件，於○年○月○日在本會進行調解，因雙方意見不一致，
未能達成共識，本件調解不成立，特此證明。

中 華 民 國 ○ 年 ○ 月 ○ 日

○○市○○區調解委員會

附註：依法起訴、告訴或自訴時，請將本證明書附於書狀內。

2. 聲請〔調解不成立證明書〕有什麼效用？

當事人因為調解不成立而另走其他法律途徑時，就算沒有提出〔調解不成立證明書〕，有權利的一方並不會因而喪失原可主張的權利，負有義務的一方也不能免除本應履行的義務。因此〔調解不成立證明書〕在法律上究竟有什麼效用？事實上是相當令人存疑的。

以相鄰關係中最常發生的房屋漏水糾紛為例，受漏水之苦的被害人到調解會聲請調解，經調解會排定期日召開調解會議，假設對造人沒有到場或是雖有出席調解，但雙方因為意見不一致，未能達成共識而調解不成立時，被害人接著可能會到法院提起民事簡易訴訟，請求被告（此指調解會中的對造人）修漏完竣及損害賠償。

⚖️ 民事訴訟法第403條第1項

下列事件，除有第四百零六條第一項各款所定情形之一者外，於起訴前，應經法院調解：

一、不動產所有人或地上權人或其他利用不動產之人相互間因相鄰關係發生爭執者。

二、因定不動產之界線或設置界標發生爭執者。

三、不動產共有人間因共有物之管理、處分或分割發生爭執者。

四、建築物區分所有人或利用人相互間因建築物或其共同部分之管理發生爭執者。

五、因增加或減免不動產之租金或地租發生爭執者。

六、因定地上權之期間、範圍、地租發生爭執者。

七、因道路交通事故或醫療糾紛發生爭執者。

八、雇用人與受雇人間因僱傭契約發生爭執者。

九、合夥人間或隱名合夥人與出名營業人間因合夥發生爭執者。

十、配偶、直系親屬、四親等內之旁系血親、三親等內之旁系姻親、家長或家屬相互間因財產權發生爭執者。

十一、其他因財產權發生爭執，其標的之金額或價額在新臺幣五十萬元以下者。

《民事訴訟法》第403條第1項第1款規定「不動產所有人……相互間因相鄰關係發生爭執者」，於起訴前，應經法院調解。由於分住在樓上與樓下的屋主（即不動產所有人）因房屋漏水而衍生的糾紛，屬於該法所定的「相鄰關係事件」，而「相鄰關係事件」又屬於強制調解事件，因此房屋漏水糾紛進了法院就應該先經調解程序而非直接進入訴訟程序。換句話說當事人還是要在法院的調解庭再開一次調解（調解庭仍然是由法院委請調解委員居間調解，而非由法官進行調解），只有在調解不成立而原告仍決定提起訴訟時，法院才改以簡易訴訟程序並交由法官來審理。

伍、調解程序簡介

民事訴訟法第419條

當事人兩造於期日到場而調解不成立者，法院得依一造當事人之聲請，按該事件應適用之訴訟程序，命即為訴訟之辯論。但他造聲請延展期日者，應許可之。

前項情形，視為調解之聲請人自聲請時已經起訴。當事人聲請調解而不成立，如聲請人於調解不成立證明書送達後十日之不變期間內起訴者，視為自聲請調解時，已經起訴；其於送達前起訴者，亦同。以起訴視為調解之聲請或因債務人對於支付命令提出異議而視為調解之聲請者，如調解不成立，除調解當事人聲請延展期日外，法院應按該事件應適用之訴訟程序，命即為訴訟之辯論，並仍自原起訴或支付命令聲請時，發生訴訟繫屬之效力。

由以上的說明可知，當事人在決定上法院打官司前，有沒有聲請〔調解不成立證明書〕，對於法院來說似乎沒有什麼差別。

（七）調解成立

1. 製作調解筆錄及調解書

不論是調解一次還是調解好幾次，經過調解委員的努力及在當事人願相互讓步的情形下，雙方終於能夠達成共識，

總是件可喜可賀的事。這時調解委員便會請調解會的秘書或幹事來為雙方製作筆錄，將達成共識的調解內容，具體地形諸於文字，在符合兩造當事人真意及不違法律強行禁止及公序良俗等規定前提下，將〔調解筆錄〕的內容交由當事人閱覽或以朗讀的方式使當事人瞭解。如果當事人發現調解內容有誤或是對於調解內容還有疑義之處，在簽名或蓋章前，都可以請求修正或再請求釋明。

　　當雙方確認調解內容無誤後，原則上，調解會便根據這份雙方簽了名的〔調解筆錄〕，再製作筆錄繕本分交雙方當事人收執，並作成數份〔調解書〕，俾便將來整卷後，連同卷宗函送管轄法院審核。

2. 當事人在調解筆錄及調解書上簽名前，還要注意些什麼？

　　由於科技的進步，現在〔調解筆錄〕及〔調解書〕幾乎都是透過電腦文書作業系統製發，因此當事人在簽名前，務必再確認〔調解筆錄〕及〔調解書〕上記載的內容是不是與事實相符，包括個人的基本資料（尤其是姓名及地址）與調解內容（例如涉及金錢給付的金額、期限或是有關房屋的門牌號、土地的地號等），都要特別注意有無誤寫、誤繕的情形。一旦發現有誤，就可請調解會立即更正，才不至於影響自身的權益。

當事人委任代理人出席調解時，有經驗的調解會工作人員通常會詢問委任代理人：「將來法院核定後的調解書要寄給誰？寄到哪？」

　　由於法院審核期間約三個禮拜到一個月左右（正常情況下），且法院似乎慣於將核定的調解事件累積達一定數量才發還公所。如果委任代理人希望將來法院核定的調解書不要寄給當事人（可能因出國或其他原因無法收件）而是委任代理人代收時，到場的委任代理人也應提醒調解會工作人員在製作調解書時，在調解書「住所或居所」欄位註明〔送達代收地〕及〔送達代收人〕，日後法院核定的調解書發還公所後，調解會則可視調解書有無記載〔送達代收地〕與〔代收人〕，憑以判斷所要寄發的處所與對象。

3. 發給當事人調解筆錄

　　〔調解筆錄〕是要彙整裝訂在調解卷宗裡的，而〔調解書〕的格式則保留有法院審查准予核定後，留給法院蓋印及法官簽名的欄位。所以調解會通常會依雙方當事人的人數，當場再多製作幾份〔調解筆錄〕，讓當事人帶回去。如此一來，當事人在調解成立後，馬上可以取得調解成立的依據，憑以辦理後續可能還有待履行的義務（例如聲請人願於調解成立之日起3日內給付新臺幣30,000元整予對造人），或作為其他事務處理的依據（例如對造人同意於調解之日起3日內，具狀向臺灣○○地方檢察署撤回對聲請人所提之○年度偵字第○號涉嫌過失傷害之刑事告訴）。

（八）調解案整卷送法院審核

⚖️ 鄉鎮市調解條例第26條第1項、第2項

鄉、鎮、市公所應於調解成立之日起十日內，將調解書及卷證送請移付或管轄之法院審核。

前項調解書，法院應儘速審核，認其應予核定者，應由法官簽名並蓋法院印信，除抽存一份外，併調解事件卷證發還鄉、鎮、市公所送達當事人。

調解成立後，調解會會將調解書及卷證資料函送法院審核，經法官審查無誤准予核定後，會再將加蓋法院印信及法官簽章之調解書連同卷證發還調解會，最後由調解會將法院核定的調解書以掛號郵寄給當事人，相關卷證資料歸檔，整個調解程序便告結束。

🔍 **調解實務小百科** ···

調解成立的案件，為什麼還要經過法院的核定？

民主國家以行政、立法、司法三權分立為基本架構，所以設置在行政機關——鄉、鎮、市（區）公所的調解會作成的調解書，也應該要經過代表司法的「法院」進行審查，准予核定後，才能發生一定的法律效力。

調解成立的案件，經調解會函送法院審核到准予核定送回調解會的流程，一來一往通常大概要花上三個星期到一個月左右的期間。讓調解成立的案子去跑法院，當事人不必再跑法院，就是《有糾紛？找調解會！》的最大好處。

○○市○○區調解委員會調解書

○年○調字第○○○號
收件編號：

稱謂	姓名(或名稱)	性別	出生日期	國民身分證統一編號	職業	住所或居所（事務所或營業所）
聲請人	吳○○	女	46.12.29	A221178024		○○市○○區○○路○號○樓
對造人	許○○	男	82.08.19	A127493626		○○市○○區○○路○巷○號○樓

上當事人間 民事車禍損害賠償 事件，於民國○年○月○日下午 14 時 30 分
在　　○○市○○區行政中心 10 樓　　　經本會調解成立，內容如下：

兩造就民國（下同）○年○月○日○時○分許，發生於臺北市○○區○○路 3 段 81
號前，聲請人騎乘所有車號：ABC-***之機車與對造人所騎乘車號：***-XYZ 之機車
於上開地點發生交通事故，致聲請人受有體傷，聲請人上開機車受損所生之民事車
禍損害賠償事件，茲責任歸屬已釐清，雙方達成共識，調解成立，其內容如下：

一、對造人願給付聲請人新臺幣（下同）12,000 元整（不含強制責任險），並於○
　　年○月○日當場於本調解委員會以現金一次交付予聲請人收執，不另製據。

二、強制責任險由聲請人自行向保險公司申辦理賠事宜。

三、聲請人拋棄對對造人本件之其餘民事請求，並不再追究對造人之刑事責任。

（本件現正在　　　　　　　法院檢察署偵查審理中，案號如右：　　　　　　　　）
上調解成立內容：經向當場兩造當事人朗讀或交付閱讀，並無異議。

圖調○○
解○○
記會區市

聲請人：吳○○
（簽名或蓋章）

對造人：許○○
（簽名或蓋章）

中華民國 ○ 年 ○ 月 ○ 日

主　席：主席○○○
（簽名或蓋章）

記　錄：秘書○○○
（簽名或蓋章）

出席調解委員或協同調解人（本件經兩造當事人同意由下列人員調解）

委員姓名	職業	住所或居所	簽名蓋章	協同調解人	職業	住所或居所	簽名蓋章
黃○○			黃○○			法院印方○臺灣地方○	

上調解書業經本院依法審核，准予核定。○ 年度 核字第 ○○○ 號

中華民國 ○ 年 ○ 月 ○ 日　　　　　　臺灣○○地方法院法官 李○○

附註：1.稱謂欄填寫雙方當事人、法定代理人、利害關係人。

2.調解經法院核定後，當事人就該事件不得再行起訴、告訴或自訴。

3.經法院核定之民事調解，與民事確定判決有同一之效力；經法院核定之刑事調解，已給付金錢或其他代替物或有價證券之一定數量為標的者，其調解書具有執行名義。

4.調解內容不敷記載時，得以另頁黏貼填寫，每一銜接處應蓋章騎縫章並記明頁次。

陸

調解的效力

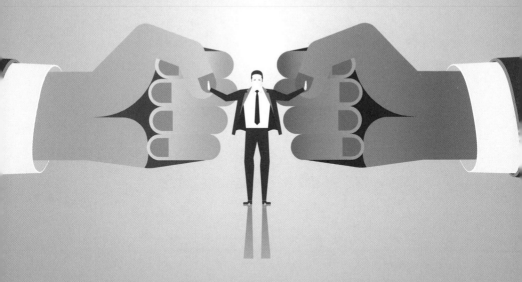

要擴大調解制度解決紛爭、避免訟累的功能，除了聲請調解不收取任何費用外，對於調解成立經過法院核定的事件，法律還要賦予它一定的效力，而且效力還要強到和法院判決確定的效力一樣，如此才能達到解決糾紛的目的。以下分就《鄉鎮市調解條例》有關調解成立的效力規定，介紹如下：

一、同一事件：不得再行起訴、告訴或自訴

⚖ 鄉鎮市調解條例第27條第1項
　　調解成立經法院核定後，當事人就該事件不得再行起訴、告訴或自訴。

　　一件糾紛的發生，可能會涉及民事責任及刑事責任，比方說車禍致人受傷，會有民事損害賠償的責任及刑事過失傷害的責任，如果當事人沒有選擇調解的程序來解決這個糾紛，那麼法律其實還設計了其他救濟的途徑。

　　以車禍致人受傷為例，被害人可以向法院的民事庭就民事損害賠償的部分提起訴訟；在造成身體受傷，涉嫌刑事過失傷害的部分，被害人則可以向犯罪地（此指車禍發生地）所在的警察機關或地方檢察署提出告訴，或是請律師向犯罪地所在的地方法院刑事庭提出自訴。

⚖️ 刑事訴訟法第319條第1項、第2項

犯罪之被害人得提起自訴。但無行為能力或限制行為能力或死亡者，得由其法定代理人、直系血親或配偶為之。

前項自訴之提起，應委任律師行之。

調解成立經法院核定的好處，就是讓有糾紛的事件，在調解這個程序就一次解決，不讓事件還有「藕斷絲連」或「翻案」的機會。所以同一事件只要調解成立並經法院核定後，當事人就不能再以其他法律途徑爭執，因此《鄉鎮市調解條例》特別作了這樣的規定。

二、民事調解：與民事確定判決有同一的效力

⚖️ 鄉鎮市調解條例第27條第2項前段

經法院核定之民事調解，與民事確定判決有同一的效力。

（一）什麼是「與民事確定判決有同一之效力」？

簡單的說，一件民事官司打到最後，不能再上訴，也不能再以其他法律途徑救濟的時候，這個案子的判決就宣告確

定，不能再「翻案」了，這就是民事的確定判決。因為調解的目的就是要「避免訟累」，不希望當事人再去打官司，所以《鄉鎮市調解條例》就民事事件，在調解成立經過法院核定後，就賦予了與民事確定判決有同一之效力。

（二）當事人不履行調解內容時，調解是不是就無效？

　　法院核定的調解書是一種〔執行名義〕，〔執行名義〕指的是法律上有權利的人，可以用來聲請強制執行的依據，也就是確定權利人在私法上有給付請求權及範圍如何的公文書。

　　法院核定的調解書就是一種〔執行名義〕，當義務人不依照調解內容來履行時，權利人就可以向設在地方法院的「民事執行處」聲請強制執行，執行機關也會依據這個〔執行名義〕來進行強制執行的程序。所以並不是說義務人不履行調解書所承諾的內容時，這個調解就變成無效，這一點要請讀者注意。

⚖️ 強制執行法第1條第1項

民事強制執行事務，於地方法院及其分院設民事執行處辦理之。

三、刑事調解：調解書得為執行名義

⚖️ 鄉鎮市調解條例第27條第2項後段

經法院核定之刑事調解，以給付金錢或其他代替物或有價證券之一定數量為標的者，其調解書得為執行名義。

　　法院核定的刑事調解事件和前一單元所說的經法院核定之民事調解事件，在調解實務上並沒有太大的不同。例如張三偷了李四皮夾裡的3,000元，被警察查緝到案，雙方經過調解後，調解內容記載「張三願歸還李四新臺幣3,000元，李四也同意不再追究張三涉嫌竊盜的刑事責任，」本件刑事調解成立的內容中有關於「以給付金錢為標的」的部分，即「張三願歸還李四新臺幣3,000元」的記載，因此這件調解書可以作為〔執行名義〕。

　　至於調解內容如果有所謂的「不追究對方刑事責任」或是「請求檢察官從輕發落」之類的記載，這是不能成為強制執行的名義，也無從拘束或限制法官依法審判或檢察官依法偵查的權限。

有糾紛？找調解會！

106

🔍 **調解實務小百科** ·······································

　　調解實務上，有的審核法官認為調解內容有關「不追究當事人（此指刑事被告）涉嫌非告訴乃論罪名（例如詐欺、侵占、偽造文書或竊盜等）之刑事責任」的記載，有違反《鄉鎮市調解條例》第1條及第26條第4項的規定而不予核定之情形。

　　由於審核的法官對於這個部分的見解不一，有的法官認為這樣的記載無妨，有的法官則認為不行，既然是法官說了算！因此調解會為避免調解成立的案件分到可能不予核定的法官手上，通常會建議有此需要的被告，可以請告訴人另外填寫〔刑事陳報狀〕，表明「不追究被告涉嫌非告訴乃論罪名（例如詐欺、侵占、偽造文書或竊盜等）之刑事責任」，〔刑事陳報狀〕則送交偵查中的檢察官或審判中的法官作為辦案的參考。請參閱**【拾、調解會其他常用相關書表範例及適用時機　六、刑事陳報狀（範例）及適用時機】**相關說明。

四、聲請退費：可向法院聲請退還已繳裁判費三分之二

⚖️ 鄉鎮市調解條例第28條第1項

民事事件已繫屬於法院，在判決確定前，調解成立，並經法院核定者，訴訟終結。原告得於送達法院核定調解書之日起三個月內，向法院聲請退還已繳裁判費三分之二。

原告打官司要預先繳納裁判費，為了減輕法院審判工作的負荷並鼓勵當事人能各退一步，多多利用調解制度，以節省時間、精神與勞費，所以法律設計了這樣的配套機制，這是透過調解的另一個好處。

只要是在第一審法院判決前，雙方願意相互讓步而成立調解，加上調解內容也經過法院審核准予核定的話，原告前已繳納的裁判費，可以在取得法院核定的調解書之日起三個月內，另行具狀向原審法院聲請退還已繳裁判費中的三分之二，訴訟便告終結，法院也不會繼續審理及判決。

這是調解的另一個好處，但解釋上，這個規定只有針對當事人已經在法院打官司而且是在第一審辯論終結前，又另外透過調解會的調解並取得法院核定的調解書時，才有適用。至於要如何聲請退還裁判費？請參閱次頁的範例。

⚖️ 鄉鎮市調解條例第10條第3項

　　第一條所定得調解事件已在第一審法院辯論終結者，不得聲請調解。

民事退還裁判費聲請狀（範例）

案號：○年度○字第 **** 號　　　　　　　　承辦股別：○股

訴訟標的金額：新臺幣○元

原　告 李○○　身分證字號：　　性別　生日　職業

　　　　　　　　住址　　　　　　郵遞區號：　　電話

聲請事由：

一、請求退回裁判費新臺幣○元之三分之二，計新臺幣○元。

二、聲請以匯款方式辦理退費，並同意負擔匯費○元。

三、同意推派○○○為受款領取人（原告有數人時請推派受款領取人。）

　　匯款銀行：○○銀行　金融機構代碼：*** 帳號：********

四、附原繳款收據正本及聲請人（受款領取人）存摺封面影本各乙件。

　　此　致

臺灣○○地方法院 民事庭

證物名稱及件數：調解書乙件，原繳款收據正本及聲請人（受款領取人）存
　　　　　　　　摺封面影本各乙件。

中 華 民 國 　　年　　月　　日

　　　　　　　　　　　　具狀人　李○○　（簽名蓋章）

　　　　　　　　　　　　撰狀人　　　　　（簽名蓋章）

五、告訴乃論之刑事事件：記載撤告意旨，視為撤回告訴或自訴

⚖️ 鄉鎮市調解條例第28條第2項

告訴乃論之刑事事件於偵查中或第一審法院辯論終結前，調解成立，並於調解書上記載當事人同意撤回意旨，經法院核定者，視為於調解成立時撤回告訴或自訴。

這是指依法得為告訴或自訴之人，就涉及〔刑事告訴乃論罪名〕的事件，已經向地方檢察署提出告訴或向法院提起自訴時，在調解成立並於調解書記載「當事人同意撤回」的意旨，經法院核定該調解書時，法律便賦予它等同於調解成立時，已發生撤回告訴或撤回自訴的效力。

例如李四毆打張三成傷，被害人張三對李四提起傷害的刑事告訴，《刑法》第277條第1項的傷害罪屬於告訴乃論之罪，檢察官在徵得雙方的同意後，如果把傷害案轉介到調解會去調解，李四與張三經過調解後也達成共識，調解內容除了記載李四願意賠償張三所受的損害外，也記載了「被害人張三（即告訴人）同意撤回對加害人李四（即被告）所提之臺灣〇〇地方檢察署〇年度偵字第〇號之涉嫌傷害之刑事告訴」，那麼調解書經法院核定後，便溯及於調解成立時發生撤回刑事告訴的效力。

由於調解成立後，調解會還要整卷並將案件連同調解書函送該管法院審核，相關作業及法院審核都需要花點時間

（現行實務大概要三個星期到一個月左右），為了讓偵查中的檢察官或受訴法院的法官能儘早知悉當事人撤回告訴或撤回自訴的意思，調解會也會提供〔刑事撤回告（自）訴狀〕讓當事人填寫後自行送交承辦檢察官或承審法官，以求周延。

〔刑事撤回告（自）訴狀〕的寫法，請參閱【拾、調解會其他常用相關書表範例及適用時機　五、刑事撤回告（自）訴狀（範例）及適用時機】相關說明。

柒

如何運用談判技巧達成
解決糾紛的目的？

調解的思維：情→理→法

調解是一門妥協的藝術，是一種「雖不滿意，但勉強同意接受」的妥協藝術。這種妥協並非出於當事人主動的意思，而是一種被動式的妥協。

當事人願意相互讓步選擇妥協的結果，並不是對原則的犧牲，而是在自由意志下透過自我利益的衡量所做出的最佳判斷，也就是所謂的「兩害相權取其輕，兩利相權取其重」。

調解原本就帶有濃厚的談判色彩，條件要如何開？結論要怎麼下？有時也要看雙方手上握有什麼籌碼和自設的底限而定。

談判要有籌碼，有籌碼的一方相較於沒有的一方握有優勢；有較多籌碼的一方則握有較多的優勢，也較能主導談判的方向與結果，但這不意味著沒有籌碼或籌碼較少的一方只能居於劣勢而處處挨打或任憑宰割。

如果把打官司當成是法律的攻防之戰來看，那麼調解無疑是在以和為貴的前提下，雙方在法庭外所進行的一場前哨戰。調解過程中，當事人彼此間你來我往、各執一詞而互不相讓，或許煙硝味十足，但少有引經據典、在法言法的情況。畢竟大多數的人都不是法律專家，遇有私權糾紛，也只是從情、理面的思維出發，心想儘快能透過調解的機制來解決，好早日回到正常的生活。

如何經由調解的過程，動之以情、說之以理，異中求同以試探出彼此願意解決糾紛的底限，這才是調解的重要功能。因此調解的思維應從情、理面出發，不必言必稱「法」

而傷了彼此的和氣。這和法院依法審判，再從法律不外人情（法外開恩）的做法，自是截然不同的思維。

一、調解前應先做好功課

進行調解前，儘可能收集有利的相關事證資料。

調解是當事人最常用來解決糾紛的途徑之一。當事人應該先了解糾紛發生的原因，再試著釐清爭點及責任歸屬並收集有利自己的事證資料。因此當事人透過調解程序解決糾紛前，應先做好以下的功課，如果沒有做好功課，上了談判桌又是抱著見招拆招的心態，此時還想期待會有好的結果出現，那恐怕只是緣木求魚了！

（一）了解糾紛發生的原因，以釐清爭點及確認責任歸屬

俗話說：「無風不起浪，事出必有因。」了解糾紛的起因，是解決糾紛的第一步。就像醫生看診一樣，必須先要確認病因，才能對症下藥。

以車禍糾紛為例，須先了解肇事的原因，再來判斷責任歸屬及肇事責任的比例，肇責釐清後，才來討論賠償的議題，也就是誰賠誰？賠多少？怎麼賠？

又例如房屋漏水衍生的糾紛，也是要先找到漏水的原

因，俗稱「抓漏」，確定漏水的原因後，才能據以研判誰該負責修漏，深受漏水之苦的被害人也才能向應負修漏之責的人求償。

（二）收集相關事證資料

各種型態的糾紛，當事人手邊或多或少都會有些書面資料，例如車禍糾紛會有警方製發的登記聯單、現場圖及初步分析研判表等；租賃糾紛會有租賃契約書；房屋買賣履約糾紛會有不動產買賣契約書；債務糾紛也會有借據或支票、本票等資料。備妥與糾紛有關的資料到場調解，除可用以佐證陳述的事實，並非空口說白話外，也可避免因記憶出錯及口誤而衍生其他不必要爭議的影響。

（三）認清自己法律上有哪些權利或可能面對的法律責任

所謂「知己知彼，百戰不殆」，當事人要進行調解前，應先弄清楚自己在個案法律關係中，是有權利的一方？抑或是有責任的一方？又或者是既有權利可以主張，也有義務亟待履行？透過本書內容的介紹或其他法律諮詢管道，去請教律師或專家以資因應。

二、您可以不了解法律，但您不能不懂人性

（一）純屬人性，無關法律

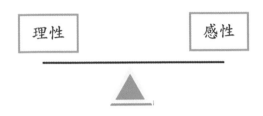

　　人是理性與感性兼具的動物。感情用事而容易衝動的人，應該學習控制自己的脾氣；理性過了頭的人，也不應該理直氣壯而得理不饒人，須知理直氣「和」且得理「要」饒人才能成事。理性與感性猶如天平的兩端，在調解的過程中，會隨著自己內心情緒的起伏與外在環境的變化而上下擺盪。

　　因此糾紛能否經由調解的機制來解決，大抵看的是「人性」而未必是看「法律」怎麼的規定。

　　調解當事人往往是處於相互對立的局面，您看眼前的阿拉伯數字是6，在對方看來則是個9。畢竟每個人的成長環境與學習背景都不盡相同，遇到事情的反應與處理的方式也各異其趣，我們很難要求別人想的或做的必須和我們自己一樣，這就是人性，無關法律。

（二）踏出關鍵的第一步：從建立百分之一的互信基礎開始

1. 請隨時保持聯繫

為了維持良好的互動關係，當事人保持正常的聯繫管道。實務上有不少案例顯示，在法律上應負責任的一方，在事發後留給被害人的手機號碼不是空號、停用，就是打了以後沒人接聽，甚至留給警方或被害人的聯絡地址，不是查無此址，就是查無此人。

互信基礎是雙方進行調解不可或缺的要件之一。如果當事人在調解前，私底下本來就維持著良好的互動關係，那麼雙方在進行調解的過程是輕鬆愉快的。反之，如果雙方根本就沒有聯繫或是互動關係不佳的話，那麼調解的氣圍通常是嚴肅而緊張的，且協商過程中也常有衝突對立的情況發生。

2. 釋出善意與展現誠意要有具體行動

當事人都希望透過調解程序解決糾紛，當雙方願意坐下來談的時候，負有賠償責任的一方光有善意或空說自己有多大的誠意是沒什麼用的。如果想儘早達到糾紛解決的目的，最好是在調解進行前，就帶著提款卡或預先備妥一筆現金前往，以實際行動來證明自己的誠意，而不是兩手空空的去。

俗話說「救急不救窮」，負有賠償責任的一方如果本身經濟情況欠佳，也不妨考慮尋求親友的資助，先解燃眉之急再說，只要對外能與被害人達成賠償共識，糾紛解決了，親友的金錢債與人情債，日後再想辦法盡力償還便是。

3. 要懂得察言觀色而不是看人臉色

進行調解時，當事人除應避免以言語羞辱對方外，也不要有拍桌叫罵的情緒反應。協商過程中，難免會有抱怨、批評或無法克制情緒的時候，當事人應發揮同理心，適切而具體地回應對方的提問，以誠懇的態度獲取對方的諒解。這是建立彼此互信基礎的關鍵，也是糾紛能否解決的重要關鍵。

4. 陪同到場調解的親友，請「幫正忙」，不要「幫倒忙」

有些個案的當事人年紀較輕、涉世未深又缺乏經驗；有的當事人可能不善言詞，表達能力不佳，最好能有親友陪同到場調解。但出席調解的親友們，請務必記得，請你們來是「幫正忙」而不是「幫倒忙」，因此調解過程中，未經調解委員的同意，請不要先發言、插話或搶話，更不要有過激的肢體動作或揶揄嘲諷對立當事人的言行舉止才好。

三、解決糾紛的方程式

人要有「三自」，不要有「三欺」

凡人立身處世，想要避免糾紛的發生，便要具備「三自」。人格獨立，才有「自我」；經濟獨立，才有「自尊」；知識獨立才有「自信」，此謂之「三自」。糾紛的起因，則往往是源自於「自欺」、「欺人」或「被人欺」此「三欺」的不同排列組合。如果人人都有「三自」，而少有

「三欺」，或許我們的社會可以變得更為祥和。

　　人也是理性與感性兼具的動物，因此糾紛的解決不能單單倚賴調解會提供的平臺，也不能光靠調解委員的努力，俗話說「求人不如求己」、「自助而後人助」，「調解」看的是「人性」，法蘭客整整看了二十多年，深深體會到解決糾紛是有方程式的，就看每個處在調解當下的當事人能否心領神會、運用自如囉！

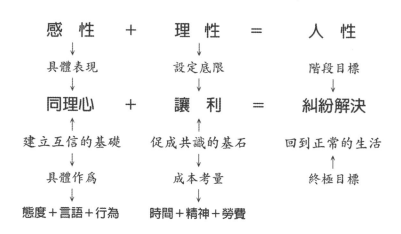

（一）同理心

　　同理心，簡言之就是「己所不欲，勿施於人」的概念。有了同理心，可以避免衝突的發生，舒緩雙方談判過程劍拔弩張的氣氛，也有助於建立彼此的互信。例如車禍造成人員傷亡時，主動對傷者或被害人家屬表示關心與慰問之意，而不是急於計較誰對誰錯，唯有以誠懇的態度來面對，方能獲

得被害人及其家屬的諒解與善意的回應，也才有助於糾紛的
解決。

同理心＝態度＋言語＋行為

　　態度決定您的高度。謙和有禮的態度是必備的要素。
當事人自身的「態度」很重要，對立當事人的「感受」也很
重要。對方陳述意見時，凝神傾聽並正眼看著對方，傳遞的
是尊重的訊息，切勿出現鄙視對方的神情或有煩燥不耐的反
應。
　　言語不疾不徐，就是有話好好說、有事慢慢講，詞懇意
切而言之有物，未必要說的口沫橫飛，但也不要言不及義、
答非所問，當然，叫囂怒罵更是大忌。
　　行為中規中矩，指的是進退有據、應對得體，調解過程
中抓耳弄腮或手足無措都是失禮的行為，至於捶胸頓足或拍
桌甩椅更不可取。

（二）讓利

讓利＝時間＋精神＋勞費

　　俗話說「時間就是金錢」，但看不見、摸不著，因此時
間可看成是一種無形的成本。
　　一件糾紛從發生到解決，您打算花多少時間來解決？如

果時間拖的愈長，糾紛卻還是沒有解決，那麼這些原本可以用來增加自己收益或創造更多價值的時間就會受到排擠，因此您不能不把時間看成是一種解決糾紛的成本。

當解決糾紛的時間大於您原可用來增加收益或創造更多價值的時間時，那您就該考慮「讓利」的可能性。

所謂「平安即是福」，吃得下、睡得著，就是一種福氣。

處理糾紛是件傷神的事，畢竟每個人應付外在危機及解決危機的能力都不盡相同。這裡講的「精神」，指的就是您面對糾紛時的「抗壓性」而言，糾紛未決，會使人產生焦慮、煩躁與不安，自然就吃不好、睡不好，長期下來定會對身心造成一定程度的影響。如果您的抗壓性不足，無法忍受長時間糾紛未決所帶來的煎熬，那您就必須認真考慮「讓利」。

勞費，指的是您為了要解決糾紛所付出的代價，除了前面所說的時間是無形的成本外，也包含您為了解決糾紛所要付出的有形成本。包括金錢的支出（例如律師費、訴訟費、交通費或食宿費等）及勞力的付出（例如收集整理與糾紛有關的資料、填寫聲請書表或撰狀、請假跑法院開庭等）。

所謂「兩害相權取其輕」，當您衡量自身的經濟狀況後，如果發現想要解決糾紛所付出的代價大過您實質上可獲得的利益時，那您更應該積極考慮「讓利」可能是您解決糾紛的首要方案。

有糾紛的當事人都應慎重考慮調解不成的後果，假如調解過程中，雙方只是為了自尊、顏面或是區區數百元或幾

千塊錢的差額而爭執不下，那麼面對將來訴訟要花更多的時間、精神及勞費時，這些有形或無形的成本或代價，恐怕也足以讓您深感懊惱而悔不當初吧！

四、給付的種類

（一）調解成立的內容必須具體、適法、可能、確定

調解成立的內容，是兩造當事人經由調解委員居間調解的過程，在同中存異、異中求同且不斷地進行溝通協商後，最終達成共識的具體結論。

調解成立的內容作成〔調解書〕後，調解會就會再將個案〔調解書〕連同卷證資料函送該管法院審核，法院審核調解成立的內容是以書面審查為原則，審核的標準則必須符合具體、適法、可能、確定這幾個要件，而且不能附加條件或但書。例如被害人已經提起刑事告訴，雙方在調解會成立調解，被告願意在某年某月日賠償一定之金額給被害人，但被害人要求在收到全部賠償金額後，才願意撤回告訴。類似這樣的調解內容，因日後被害人能否收到全部的賠償金猶未可知，條件是否成就尚屬未定，不符合具體、確定的審核要件，法院就這樣的調解內容即可能不予核定。

由於調解成立的內容性質上類似法院判決書的判決主文，必須在將來可以強制執行的前提下製作。如果調解成立

的內容日後無法強制執行或強制執行有困難之虞時，法院審核的法官可能會不予核定，調解實務上，有些個案調解成立的內容會記載當事人應捐款給第三方的慈善機構，又或者要求當事人應在社群網站（例如臉書或推特）發表公開道歉文，如果當事人他日不履行捐款義務或公開道歉文，確實會有困擾。實務上，調解委員會建議當事人先去捐款或發表道歉文後，再持捐款收據或公開道歉文的截圖以資佐證，再來製作調解書。

（二）給付的種類

調解成立的內容視具體個案之不同，給付的種類也各異其趣，包括但不限於金錢（賠償或補償）、向被害人道歉（口頭或書面）、回復原狀、返還特定物，僱工修漏完竣、不動產所有權移轉登記、抵押權塗銷登記、契約的終止或解除……等等。限於篇幅，法蘭客就不再一一列舉。

五、當事人要如何協商付款事宜？

糾紛的解決，常會涉及到金錢給付的問題，也是調解成立內容的核心，當事人要如何付款？是付現金？還是轉帳、匯款？是開支票？還是開本票？在什麼時候付款？要分幾次付款？凡此在在都是學問。

（一）如何付款？

1. 現金

一般來說，現金支付是最直接又明確的方式，只要數目對了，當場點收無誤，受款人再開張收據給付款人即可。但有的當事人或許會擔心當場點收的現款，裡頭是否有夾帶偽鈔或假鈔的可能？關於這一點，法蘭客在調解實務上還未曾見過。不過給付的現鈔如果金額較大，數鈔時可能要多數幾次，以免有所出入。

有的調解會很貼心，會場還會為當事人準備點鈔機，除了可以確認鈔票的張數外，也可以過濾有無偽鈔或假鈔摻雜其中。如果調解會沒有提供點鈔機，當事人對於現鈔還是有疑慮的話，那也只能看調解會附近有沒有超商，雙方一起到超商向店家商借點鈔機一用了。

2. 轉帳或匯款

如果當事人約定以轉帳或匯款的方式給付，那麼就要把轉帳或匯款的銀行或郵局帳號、帳戶名稱寫清楚，付款人於轉帳、匯款後，也要妥善保存轉帳或匯款的明細或單據，如果能再打通電話與受款人確認是否已收到款項，那就更好了。

3. 支票或本票

以「支票」代替現金支付的話，實務上付款人交給受款人的支票可能有以下三種：一種是由付款人所簽發的支票；

另一種是所謂的「客票」，也就是付款人以外的第三人所簽發的支票；還有一種是由銀行簽發並保證付款的支票。除了銀行所簽發及付款的支票較無風險外，其他兩種都涉及承兌風險的問題。當然，「本票」也有類似的問題，這是被害人收受支票或本票時要慎重考慮的。

4. 其他

有些個案，受款人考量到付款人的資力不足，為了降低日後求償無門的風險，會要求付款人再拉個第三人來作保或共同負連帶給付的責任，以確保自己的權益，這個被拉進來的「保人」或「連帶債務人」通常以付款人的家人居多，少數則是付款人的朋友。

另有少數的個案，則可能是以提供其他物品或服務的方式來折抵金錢的給付或作為金錢給付的對價。

（二）在什麼時候付款？付款的時間與方式

1. 一次給付

（1）調解成立當場一次給付：最佳的付款方式

最佳的付款方式，當然是確認應付金額後，當場便把款項全部付清。調解內容的寫法如下：

> 聲請人願給付對造人新臺幣[註1]10,000元整，並於○年○月○日[註2]當場於本調解委員會以現金一次交付對造人收執，不另製據[註3]。

註1：金額前要寫上「幣別」，例如給付的金額
　　　是「新臺幣」或「美金」。

註2：調解內容如果沒有載明付款日期，法律上
　　　則表示聲請人（下稱付款人）隨時可以向
　　　對造人（下稱受款人）請求付款的意思。

註3：不另製據，就是說受款人不需要再另外寫
　　　一張收據給付款人的意思。

🔍 調解實務小百科 ·······························

　　調解實務上，「給付」相較於「賠償」或「補償」而
言，是較為中性的用語。某些個案的當事人對於付款的性質
非常在意，認為付錢給對方並不表示自己在法律上有賠償的
責任，純粹只是補貼對方或只是道義上的補償而已。為了避
免類似的爭執傷了彼此的和氣，即便法律上本來就應該要付
賠償責任的一方，調解內容也多以「給付」一詞來代替「賠
償」用語，兼以顧全雙方當事人的顏面。

（2）特定期日一次給付

　　　次佳的付款方式，則是確認應付金額後，付款人承
　　　諾在某年某月某日（前），將應付款項一次付清。
　　　調解內容的寫法如下：

> 聲請人願給付對造人新臺幣10,000元整，並於
> ○年○月○日（前）給付完竣。

2. 分期給付：雖不滿意，但勉強能接受的付款方式

分期給付可說是雖不滿意，但勉強能接受的付款方式，畢竟分期付款，最後能不能全部獲得給付，本就存有不確定性的風險。無論是雙方基於彼此的信任或是受款人體諒付款人的難處而願意高抬貴手，受款人願承擔此一不確定性的風險，也是勢不得已而勉予接受的結果。

因此付款採分期給付方式時，受款人通常要特別注意的是分期的次數（分幾期？）與期間的長短（多久為1期？以及各期加總後的期間有多長？）。茲分別說明如下。

（1）二次給付：也就是分兩次付款的方式

A・當場給付 ＋ 特定期日給付

即確認給付金額的同時，當場先付第一筆錢，另於某年某月某日（前）再付第二筆錢。調解內容的寫法如下：

> 聲請人願給付對造人新臺幣（下同）[註]10,000元整，並當場於本調解委員會以現金先行交付5,000元整予對造人收執，不另製據；餘款5,000元整由聲請人於〇年〇月〇日（前）給付完竣。

註：如果調解內容提到兩次以上的金額時，可在第一次提及金額時，在「幣別」之後加註（下同），就不需要每每提及金額時反複記載「幣別」。

B‧特定期日分先後兩次給付

即確認給付金額後，某年某月某日先付第一筆錢，另於某年某月某日再付第二筆錢。調解內容的寫法如下：

> 聲請人願給付對造人新臺幣（下同）10,000元整，並於○年○月○日前先行給付5,000元整；餘款5,000元整由聲請人於○年○月○日前給付完竣。

（2）三次以上的給付方式

超過（含）3次以上的分期付款方式，此時為了保障受款人的權利，參照《民法》第318條第2項的規定，調解內容必須記明「一期未付，未到期部分，視為全部到期」的字樣。

⚖️ 民法第318條第2項

法院許為分期給付者，債務人一期遲延給付時，債權人得請求全部清償。

「一期未付，未到期部分，視為全部到期」必須記明於調解內容的理由，是為了避免債權人每於債務人遲延給付時，必須逐期向債務人聲請強制執行的不便。因此調解內容未記載「一期未付，未到期部分，視為全部到期」，調解會將調解書送請法院審核時，法院將不予核定。調解內容的寫法如下：

> 聲請人願給付對造人新臺幣（下同）10,000元整，並自108年6月1日起至109年3月1日止，計分10期，按每月1日每期給付1,000元整予對造人，至全部清償完畢為止。
>
> 前項分期給付金額，聲請人如有一期未付，未到期部分，視為全部到期。

上述的調解內容中，假設聲請人付了第1期到第4期的錢，也就是4,000元後，第5期就沒有再依約付款的話，那麼未到期的部分，也就是第5期到第10期的部分，對造人便可以一次請求聲請人給付6,000元（因為後頭還有6期），聲請人就不能再享有原可分期給付（清償）的利益，這就是「一期未付，未到期部分，視為全部到期」的意思。

（3）有關分期給付的記載，應注意以下幾點：

A・如果當事人約定「兩期未付，未到期部分，視為全部到期」也是可以的，因為法律沒說不行，只是對於債權人可能比較沒有保障而已。

B・分期付款的付款日期儘量不要寫「月初」、「月中」或「月底」付款的字樣，因為還要透過解釋，可能衍生爭議。

C‧分期付款日若約定在每月29日、30日付款的話，如果付款期間會遇到2月分時，調解內容應括弧註明（2月為28日），否則調解書函送法院審核時，法官可能會以付款日期未臻明確而不予核定。

D‧超過（含）3次以上的分期付款方式，不論是定期給付或不定期給付，也不論每期付款的金額是否相同，「一期未付，未到期部分，視為全部到期」的規定，都有適用。

E‧分期給付的期數過多，不易確認最後一期付款的年月日時，最後一期的日期可以不寫，但調解內容末尾還是要加上「至全部清償完畢為止」的記載。調解內容的寫法如下：

> 聲請人願給付對造人新臺幣（下同）1,000,000元整，並自民國（下同）108年6月1日起，計分100期，按每月1日每期給付10,000元整予對造人，至全部清償完畢為止。
>
> 前項分期給付金額，聲請人如有一期未付，未到期部分，視為全部到期。

（4）分期給付金額不能平均分配至各期的寫法如下：

A・範例1

> 聲請人願給付對造人新臺幣(下同)130,000元整，並自民國(下同)108年6月1日起至108年12月1日止，計分7期，第1期至第6期，按每月1日每期給付20,000元整予對造人，第7期應再給付10,000元整予對造人，至全部清償完畢為止。
>
> 前項分期給付金額，如有一期未付，未到期部分，視為全部到期。

B・範例2

> 聲請人願給付對造人新臺幣(下同)130,000元整，並於民國(下同)108年6月1日先行給付10,000元整；餘款120,000元整由聲請人自108年7月1起至108年12月1日止，計分6期，按每月1日每期給付20,000元整予對造人，至全部清償完畢為止。
>
> 前項分期給付金額，聲請人如有一期未付，未到期部分，視為全部到期。

捌

告訴乃論的刑事案件調解不成立，
又錯過了告訴期間，被害人是不是
還有其他救濟的途徑？

一、什麼是告訴乃論的刑事案件？

〔告訴乃論〕的刑事案件，是指被告涉嫌犯罪，依《刑法》或其他法律設有刑事罰的規定，必須由被害人或其他有告訴權的人，向偵查機關（例如：警察局、地方檢察署）申告犯罪的事實，並表示希望訴追的意思，國家才會進行追訴處罰的案件。

按照《鄉鎮市調解條例》第1條的規定，鄉、鎮、市公所調解會除了可以調解民事事件外，也可以調解〔告訴乃論〕的刑事案件。例如車禍致人受傷時，可能會成立過失傷害罪；酒客因細故鬥毆致人受傷時，可能會成立傷害罪；在大馬路上或其他公共場所罵人，可能會構成公然侮辱罪；在網路上對店家為不實指控，則可能構成誹謗罪；使用未經權利人同意的照片或圖片，有可能侵害他人的著作權；在捷運上伸鹹豬手，有可能成立性騷擾……，以上例舉的犯罪行為都是侵害被害人的個人法益而屬於〔告訴乃論〕的刑事案件。

二、告訴乃論的刑事案件有告訴期間的限制

⚖️ **刑事訴訟法第237條第1項**

告訴乃論之罪，其告訴應自得為告訴之人知悉犯人之時起，於六個月內為之。

由以上的規定可知，告訴期間的起算日是「自知悉有犯罪嫌疑之人時」起算。例如前述的車禍致人受傷或酒客因細故鬥毆致人受傷時，原則上告訴期間是從車禍發生日或酒客傷人之日起算。可是車禍當時，如果加害人肇事逃逸或者酒客打傷了人就離開現場了，被害人第一時間未必知道誰是犯罪嫌疑人，可能要等到警方接獲報案並進行後續偵查後，才能鎖定犯嫌，此時被害人有可能在事發數日或更久以後才會知悉犯人的身分。為了保障被害人告訴的權益，因此法律才會規定告訴期間的起算，應該要從「知悉犯人之時」起算，此時就不是從車禍發生日或酒客傷人之日起算了。

如果沒有類似上述案例特別的情況，被害人一旦錯過了告訴期間才提出刑事告訴，警察機關將不受理報案，依《刑事訴訟法》第252條第5款的規定，檢察官也會據此作成不起訴處分。

三、錯過刑事告訴期間的救濟方法

在調解實務上，涉及〔告訴乃論〕的刑事案件，由於被害人未必會在第一時間就對犯罪嫌疑人提出刑事告訴，如果雙方有意願先透過調解會調解，當然是最好不過的事了。然而調解有時並不是開一次會就可以把問題給解決，可能調解個兩次、三次都有可能，隨著時間的經過，被害人就有可能錯過了6個月的刑事告訴期限。為了疏解法院訟源，在鼓勵當事人透過調解機制來解決糾紛之餘，法律業必須有相對應的配套措施，如此才不至於對被害人的保護有所不周。

被害人一旦錯過了告訴期間，會發生「失權」的效果，已如前述；但有一種特殊的情形，被害人卻可以不受到告訴期間的限制，也就是被害人在告訴期間經過後，仍然可以依法提出告訴。這個例外的規定，許多人並不知道規定在哪裡，甚至執業多年的律師、辦案經驗豐富的員警或檢察官也不是很清楚規範的內容及其運作的方式。

由於這一條規定並不是放在《刑事訴訟法》，而是放在《鄉鎮市調解條例》中，為了讓讀者更清楚了解這個救濟途徑的規範內容及其運作方式，在此特別作更進一步地說明。

⚖️ 鄉鎮市調解條例第31條

告訴乃論之刑事事件由有告訴權之人聲請調解者，經調解不成立時，鄉、鎮、市公所依其向調解委員會提出之聲請，將調解事件移請該管檢察官偵查，並視為於聲請調解時已經告訴。

（一）本條規定的適用要件

1. 必須是告訴乃論的刑事事件

告訴乃論，是指須由被害人或其他有告訴權的人向偵查機關申告犯罪的事實，並表示希望訴追的意思，國家才會進行追訴處罰的制度，已如前述。因此適用本條規定的第一個要件，就是事件本身必須是涉及刑事告訴乃論的罪名才行（例如涉犯傷害、過失傷害、妨害名譽或毀損等罪）。

2. 必須是有告訴權的人

告訴權人通常是指被害人，但有時候也可能是被害人的家屬，例如被害人的配偶或法定代理人（例如被害人是未成年人時的父母）。

⚖️ 刑事訴訟法第232條

犯罪之被害人，得為告訴。

📖 刑事訴訟法第233條

被害人之法定代理人或配偶，得獨立告訴。

被害人已死亡者，得由其配偶、直系血親、三親等內之旁系血親、二親等內之姻親或家長、家屬告訴。但告訴乃論之罪，不得與被害人明示之意思相反。

3. 必須已經提出調解的聲請，且聲請調解時，尚未逾告訴期間

向調解會提出調解聲請的人，必須是調解事件中的「聲請人」，也就是調解聲請人必須是被害人或其他有告訴權的人。如果是由犯罪嫌疑人、被告或加害人這一方提出調解聲請時，有告訴權的人會成為調解事件中的「對造人」，就沒有適用本條規定的餘地（註）。

註：〔法務部〕99年12月22日法律字第0999047585號函釋要旨，按《鄉鎮市調解條例》第31條規定之適用前提為告訴乃論之刑事事件業經有告訴權之人聲請調解，倘調解係由無告訴權之一方（如加害人）提出聲請者，則無該條之適用；另依目前該條例之規定，告訴乃論刑事事件調解不成立後，有告訴權之人聲請移送偵查並無期間限制，為避免拖延甚久而有礙調查證據，調解委員會得主動提醒當事人刑事告訴權益以為權宜之計。換言之，如果聲請調解是由犯罪嫌疑人、被告或加害人這一方提出時，被害人或其他有告訴權的人

卻因故錯過了告訴期限而喪失「告訴」的權利，
此時也只能無語問蒼天了。

　　此外被害人或其他有告訴權的人提出調解聲請的時間
點，解釋上必須還在6個月的告訴期間內才行，如果已經超過
6個月告訴期間才聲請調解，也沒有適用本條規定的餘地。

4. 必須調解不成立

　　調解不成立，指的是當事人（一方或雙方）未到場或是
到場的雙方因意見不一致而未能達成共識的情形。事件如果
經由調解程序而成立，糾紛即告解決，法律就沒有同意被害
人於告訴期間經過後，還可再提告訴的道理。

5. 必須向受理調解的調解委員會提出聲請

　　由於調解會才有受理事件調解的相關紀錄，包括何時聲
請調解（例如有受理聲請調解的書面紀錄）、何時召開調解
會議（例如有調解通知書佐證）及調解不成立的原因（例如
有當事人簽名的調解筆錄可稽）等事件資料，因此有被害人
或其他有告訴權的人理當向受理調解的調解會提出聲請。

（二）調解會的作業方式

　　參照〔法務部〕73年7月26日（73）法律字第8533號函釋
要旨所示，調解會將調解不成立的刑事告訴乃論案件移送地

方檢察署時，應檢附以下的相關資料、證件，以供檢察官偵辦之參考。

1. 聲請調解書（筆錄）

為了使地方檢察署瞭解相關案情，調解會應檢附當事人（此指被害人或其他有告訴權之人）提出的聲請調解書（筆錄）。解釋上，也應包括當事人已提供給調解會的身分證明文件。

2. 聲請人或對造人提出的相關證物

例如車禍致人受傷事件中的道路交通事故當事人登記聯單、交通事故初步分析研判表或診斷證明書；打架傷人事件中的驗傷單；社群網站上以不雅文字公開罵人的截圖照片或其他有助於檢察機關辦案參考的資料等，均屬之。

3. 調解委員會調查所得的證據

📖 鄉鎮市調解條例第21條第1項

調解應審究事實真相及兩造爭議之所在；並得為必要之調查(註)。

註：關於本條後段所謂「並得為必要之調查」的規定，實務上調解會並沒有類似法院法官或檢察署檢察官所擁有的絕對調查權，除了行政機關基於彼此協力與互助的原則，可能提供調解會希望調查的個案資料外，絕大多數的情況是

「行不通的」。舉例來說，調解會若發函要求通信業者或提供拍賣網站平臺的業者提供個案當事人生日、身分證號、地址等個人資料，通常業者會以保護當事人個資為由而被拒絕。

4. 調解筆錄

〔調解筆錄〕是調解會用來紀錄有關調解事件開會結果的書面。在聲請移送地方檢察署偵查的程序中，〔調解筆錄〕可以看出個案召開調解會議的日期及時間以及調解不成立的原因，是當事人未到場，抑或是雙方意見不一致的調解結果。

5. 刑事事件調解不成立移送偵查聲請書

〔刑事事件調解不成立移送偵查聲請書〕是調解不成立時，聲請人（指原調解事件中的被害人或其他有告訴權的人）要向調解會提出的聲請文件。這紙制式書表可請調解會提供，聲請人依式填寫並於簽名或蓋章後，再送交調解會續辦即可。請參閱【拾、調解會其他常用相關書表範例及適用時機　七、刑事事件調解不成立移送偵查聲請書（範例）及適用時機】相關說明。

當調解會將案件以公函移送該管地方檢察署後，承辦檢察官通常會將案件下交轄區員警偵辦，同時以書面通知被害人，被害人或其他有告訴權的人日後也會接到警方通知前往警局製作筆錄的書面或電話。

由以上的說明可知，被害人一旦錯過了告訴期間而未提

139

出告訴，只要被害人或其他有告訴權的人在告訴期間內曾經向調解會提出調解的聲請，當調解不成立時，就可依上述說明，向調解會提出刑事案件移送偵查的聲請。

玖

常用各式聲請調解書
及相關書表範例

一、車禍損害賠償聲請調解書 及相關書表範例

車禍損害賠償事件聲請調解書

車禍糾紛的法律流程表

道路交通事故當事人住址資料申請書（範例）

車損債權讓與同意書（範例）

🔍 調解實務小百科 ⋯⋯⋯⋯⋯⋯⋯⋯⋯⋯⋯⋯⋯

　　車禍衍生的糾紛是各地調解會最常受理的案件，在各種不同型態的糾紛中，不僅調解的件數最多，也是調解成立率極高的糾紛類型。

　　調解實務上，車禍造成被害人死亡的交通事件，調解成立率算是比較低的。可能是雙方認知差異過大、肇事原因或責任歸屬不明及賠償金額談不攏等原因，也可能是因為被害人家屬在依法取得強制責任保險理賠的死亡給付後，並不急於在調解的階段與肇事者達成和解，寧可另請律師協助後續訴訟求償程序的進行有關。

　　讀者想要更進一步了解車禍糾紛的處理，可以參閱法蘭客所著的《如何處理車禍糾紛？》一書，書中會有更詳盡的說明。

車禍損害賠償事件聲請調解書

第五號用紙

聲請調解書（筆錄）			收件日期：		年 月 日 時 分		
			收件編號：		案號： 年 調字第 號		
稱 謂	姓 名（或名稱）	性別	出生日期	國民身分證統一編號	職業	住 所 或 居 所（事務所或營業所）	連絡電話
聲 請 人							
對 造 人							

上當事人間 **車禍損害賠償** 事件聲請調解，事件概要如下：

一、發生時間： 年 月 日 午 時 分許

二、發生地點：

三、聲請人車號： 車輛種類：

四、對造人車號： 車輛種類：

> 車輛種類：
> 請填大客車、自(營)小客車、
> 貨車或機車、腳踏車……

五、人員受傷（亡）及車輛受損情形：（請於【 】內打「V」）

【 】傷者姓名： 【 】死者姓名：

　　　（傷者為 行人 或 乘客 者，亦請併予註明）

【 】車損車主姓名：

　　　（騎士或駕駛如非車輛所有人，請填寫受損車輛所有人姓名或公司名稱）

補充說明：

請貴會惠予協助調解，解決紛爭。

（本件現正在 地方法院檢察署偵查審理中，案號如右： ）

證 物 名 稱 及 件 數	
聲 請 調 查 證 據	

此致 市 區 調解委員會

中華民國 年 月 日

　　　　　　　　　　　　　　聲請人： （簽名或蓋章）

上筆錄經當場向聲請人朗讀或交付閱覽，聲請人認為無異。

　　　　　　　　　　　　　　筆錄人： （簽名或蓋章）

　　　　　　　　　　　　　　聲請人： （簽名或蓋章）

附註：1.提出聲請調解書時，應按對造人提出繕本。
　　　2.當事人如有「法定代理人」或「委任代理人」應於「稱謂」一欄下記明之；如兼有兩者，均應記明。
　　　3.聲請人或對造人為無行為能力或限制行為能力者，應記明其法定代理人。
　　　4.「事件概要」部分應摘要記明兩造爭議情形，如該調解事件在法院審理或檢察署偵查中〈該事件如已經第一審法院辯論終結者，不得聲請調解〉，並應將其案號及最近情形一一記明。
　　　5.聲請人如聲請調查證據，應將證物之名稱、證人之姓名及住所等記明於「聲請調查證據」一欄。
　　　6.聲請人自行提出聲請調解書時，請將標題之「筆錄」二字及末欄刪除。

車禍糾紛處理的法律流程表

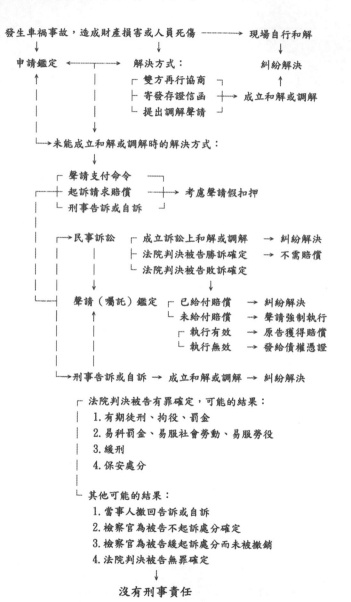

144

發生車禍事故，造成財產損害或人員死傷 ────→ 現場自行和解

申請鑑定 ←──────→ 解決方式：　　　　　　　　糾紛解決

　　　　　　　　　┌ 雙方再行協商 ┐
　　　　　　　　　├ 寄發存證信函 ├─→ 成立和解或調解
　　　　　　　　　└ 提出調解聲請 ┘

└──→ 未能成立和解或調解時的解決方式：

　┌ 聲請支付命令 ┐
　├ 起訴請求賠償 ├──→ 考慮聲請假扣押
　└ 刑事告訴或自訴 ┘

　┌→ 民事訴訟　┌ 成立訴訟上和解或調解 → 糾紛解決
　│　　　　　　├ 法院判決被告勝訴確定 → 不需賠償
　│　　　　　　└ 法院判決被告敗訴確定

　│　聲請（囑託）鑑定 ┌ 已給付賠償 → 糾紛解決
　│　　　　　　　　　　└ 未給付賠償 → 聲請強制執行
　│　　　　　　　　　　┌ 執行有效 → 原告獲得賠償
　│　　　　　　　　　　└ 執行無效 → 發給債權憑證

└──→ 刑事告訴或自訴 → 成立和解或調解 → 糾紛解決

　┌ 法院判決被告有罪確定，可能的結果：
　│ 1. 有期徒刑、拘役、罰金
　│ 2. 易科罰金、易服社會勞動、易服勞役
　│ 3. 緩刑
　│ 4. 保安處分
　│
　└ 其他可能的結果：
　　　1. 當事人撤回告訴或自訴
　　　2. 檢察官為被告不起訴處分確定
　　　3. 檢察官為被告緩起訴處分而未被撤銷
　　　4. 法院判決被告無罪確定
　　　　　　↓
　　　　沒有刑事責任

道路交通事故當事人住址資料申請書（範例）

發生時間	○年○月○日○時○分		
地　點	○○市○○區○○路與○○路口		
申 請 人	姓　名	李○○	出　生 年月日	○年○月○日
	身分證號碼	A1********	聯絡電話	**-****-****
	戶籍地址	○○市○○區○○路○段○號○樓		
	通訊地址	同上		
與當事人 關　係	☑本人 □受當事人 (姓名) 委託（請當事人於下欄親自簽章） □當事人之利害關係人 (關係)（請出示證明文件）			
申請用途	茲因於上列時間、地點發生交通事故，為聲（申）請（鑑定、寄存證信函或聲請調解、假扣押、提起民事訴訟）之需要，請提供 ☑ 抄寫　□ 閱覽（擇一勾選）他造當事人之住址等資料，以維護法律上之利益。 用途如下： □ 申請鑑定　　□ 寄存證信函　　☑ 聲請調解 □ 假扣押　　　□ 提起民事訴訟			
依據法條及函文	行政程序法第46條第1項、個人資料保護法第16條 法務部101年12月5日法律字第10100202950號函			
申請日期	○年○月○日			
他 造 當 事 人	姓　名	住　　　　址	
	王○○	○○市○○區○○街○巷○號○樓	

此致

　　　　○○市政府警察局交通隊

申請人簽名或蓋章：李○○　印

當事人簽名或蓋章：(非當事人委託者免填)

處理員警（或業務承辦人）：警員○○○　　主管核章：隊長○○○

附註：

一、本表可印製一式二聯，一份交申請人，另一份送案卷保存單位併卷備查。

二、有關所申請之他造當事人個人資料，應遵守「個人資料保護法」等相關法令規定，不得違法利用；無再使用之必要時，應予銷毀。

車損債權讓與同意書（範例）

事件概要：

　　車主張三將車借給李四，不料李四開車上路後，竟遭肇事者王五撞壞，李四於是先墊付修車費用，請修車廠將車修好後交還張三。至於李四與王五間的車禍還在協調中，因為車是張三的，修車費又是由李四先行墊付，如果李四要行使代位求償的權利，車主張三應先出具「債權讓與同意書」，這樣李四便能透過調解程序向肇事者王五求償。

債 權 讓 與 同 意 書					
姓名（或名稱）	性別	國民身分證 統一編號	住　所　或　居　所 （事務所或營業所）	聯絡電話	
立同意書人	張 三	男	A1*******	○市○區○路○號	請填寫
受 讓 人	李 四	男	A1*******	○市○區○街○號	請填寫

立同意書人 張 三 所有車號 1234－AB 之自小客車（機車），

於 ○ 年 ○ 月 ○ 日 李 四 與 王 五 間

之車禍賠償調解事件，本人同意將前開車輛所受損害得請求賠償

之債權讓與 李 四，特立此書為憑。

　此 致

　　　　市　　　　區調解委員會

立同意書人： 張 三　　　　（簽名或蓋章）

受 讓 人： 李 四　　　　（簽名或蓋章）

中　華　民　國　○　年　○　月　○　日

⚖ 民法第297條

債權之讓與，非經讓與人或受讓人通知債務人，對
於債務人不生效力。但法律另有規定者，不在此
限。

受讓人將讓與人所立之讓與字據提示於債務人者，
與通知有同一效力。

二、清償債務事件聲請調解書及相關書表範例

清償債務事件聲請調解書

合會糾紛事件聲請調解書（範例）

請求給付管理費事件聲請調解書（範例）

🔍 調解實務小百科 ·····················

　　金錢債務衍生的糾紛，也是各地調解會經常受理的案件，多數是基於借貸關係，也有因為銀行卡債、互助會倒會、投資而衍生的糾紛，再來就是涉及詐欺、侵占、背信或竊盜等類的糾紛，能否經由調解會的調解而解決糾紛，除了要看當事人面對債務問題的態度外，也要看涉及金錢數額的多寡及債務人還款的能力與方式而定。

清償債務事件聲請調解書

聲請調解書（筆錄）			收件日期：			年 月 日 時 分		
			收件編號：		案號：	年 調字第 號		
稱 謂	姓 名（或名稱）	性別	出生日期	國民身分證統一編號	職業	住 所 或 居 所（事務所或營業所）		連絡電話
聲 請 人								
對 造 人								

上當事人間 **清償債務** 事件聲請調解，事件概要如下：

聲請人係 【 】債權人 【 】債務人（請於【 】內打「V」）

日期： 年 月 日（單筆欠款請填本欄）

期間： 年 月 日至 年 月 日（多筆欠款請填本欄）

積欠金額： 清償期限： 年 月 日

因下列原因：（請於【 】內打「V」）

【 】已逾清償期限，債務人尚未清償欠款。

【 】已逾清償期限，債務人僅清償部分欠款。

【 】債務人經濟狀況欠佳，請求協商還款方式。

【 】其他事由：

請貴會惠予協助調解，解決紛爭。

（本件現正在 地方法院檢察署偵查審理中，案號如右： ）

證物名稱及件數	
聲請調查證據	

此致 市 區 調解委員會

中華民國 年 月 日

聲請人： （簽名或蓋章）

上筆錄經當場向聲請人朗讀或交付閱覽，聲請人認為無異。

筆錄人： （簽名或蓋章）

聲請人： （簽名或蓋章）

附註：1. 提出聲請調解書時，應按對造人提出繕本。

　　　2. 當事人如有「法定代理人」或「委任代理人」應於「稱謂」一欄下記明之；如兼有兩者，均應記明。

　　　3. 聲請人或對造人為無行為能力或限制行為能力者，應記明其法定代理人。

　　　4. 「事件概要」部分應摘要記明兩造爭議情形，如該調解事件在法院審理或檢察署偵查中〈該事件如已經第一審法院辯論終結者，不得聲請調解〉，並應將其案號及最近情形一一記明。

　　　5. 聲請人如聲請調查證據，應將證物之名稱、證人之姓名及住居所等記明於「聲請調查證據」一欄。

　　　6. 聲請人自行提出聲請調解書時，請將標題之「筆錄」二字及末欄刪除。

合會糾紛事件聲請調解書（範例）

事件概要：

　　張三參加以李四為會首於〇年〇月〇日發起的互助會，會員連同會首共〇人，每月每會〇萬元，張三均按月繳納會款，不料至〇年〇月間，會首李四竟然宣告倒會，李四應退還張三前所繳納的會款共計〇萬元，但經屢次催討，李四均置之不理。

聲請調解書（筆錄）		收件日期：			年　　月　　日　　時　　分			
		收件編號：		案號：		年　　調字第　　號		
稱　謂	姓　名（或名稱）	性別	出生日期	國民身分證統一編號	職業	住　所　或　居　所（事務所或營業所）		連絡電話
聲請人	張三	男	＊＊＊＊	A1＊＊＊＊＊＊＊		○市○區○街○號		請填寫
對造人	李四	男				○市○區○路○號○樓		請填寫

上當事人間 **合會糾紛** 事件聲請調解，事件概要如下：

聲請人係　【　】會首　　【V】會員（請於【　】內打「V」）

起會日期：　○　年　○　月　○　日　　會員連同會首共：　○　會

每期每會：　○元
積欠會款：　○元

因下列原因：（請於【　】內打「V」）

【V】因會首倒會，積欠會員會款，尚未清償。
【　】因會首倒會，積欠會員會款，會首僅清償部分會款。
【　】因會首經濟狀況欠佳，請求協商還款方式。
【　】其他事由：

請貴會惠予協助調解，解決紛爭。

（本件現正在　　　　地方法院檢察署偵查審理中，案號如右：　　　　　　　　）
證物名稱及件數	**互助會會單影本1份**
聲請調查證據	

此致　　　　市　　　　區調解委員會

中華民國　○　年　○　月　○　日

　　　　　　　　　　　　　　　聲請人：張三　　　　（簽名或蓋章）

上筆錄經當場向聲請人朗讀或交付閱覽，聲請人認為無異。

　　　　　　　　　　筆錄人：　　　　　　　　（簽名或蓋章）
　　　　　　　　　　聲請人：　　　　　　　　（簽名或蓋章）

附註：（略）

有糾紛？找調解會！

請求給付管理費事件聲請調解書（範例）

事件概要：

　　張三係○○社區之住戶，因積欠社區管理費遲未繳納，為避免訟累，○○管理委員會希望透過調解程序解決。

聲請調解書（筆錄）		收件日期：			年 月 日 時 分	
		收件編號：		案號： 年 調字第 號		
稱 謂	姓 名 （或名稱）	性別	出生日期	國民身分證 統 一 編 號	職業	住 所 或 居 所 （事務所或營業所）	連絡電話
聲請人	○○社區管 理委員會 主委：○○○					○市○區○路○號	請填寫
對造人	張三	男				○市○區○路○號○樓	請填寫

上當事人間 **請求給付管理費** 事件聲請調解，事件概要如下：

聲請人係 【 】 債權人 【V】債務人（請於【 】內打「V」）
日期： 年 月 日（單筆欠費請填本欄）
期間：○ 年 ○ 月 ○ 日 至 ○ 年 ○ 月 ○ 日（多筆欠費請填本欄）
積欠金額： 共○元 清償期限：○ 年 ○ 月 ○ 日

因下列原因：（請於【 】內打「V」）

【 】已逾清償期限，債務人尚未清償欠款。
【 】已逾清償期限，債務人僅清償部分欠款。
【 】債務人經濟狀況欠佳，請求協商還款方式。
【V】其他事由：
　　聲請人維管之社區，因對造人係該社區之區分所有權人，惟自○年○月起至
　　○年○月止，對造人均未繳納管理費。
請貴會惠予協助調解，解決紛爭。

（本件現正在 地方法院檢察署偵查審理中，案號如右： ）	
證物名稱及件數	**存證信函影本**
聲 請 調 查 證 據	

此致 　　　　市 　　　　區調解委員會
中華民國 ○ 年 ○ 月 ○ 日
　　　　　　聲請人：○○社區管理委員會 主委：○○○ （簽名或蓋章）

上筆錄經當場向聲請人朗讀或交付閱覽，聲請人認為無異。
　　　　　　　　筆錄人： （簽名或蓋章）
　　　　　　　　聲請人： （簽名或蓋章）

附註：（略）

三、租賃爭議事件聲請調解書

🔍 調解實務小百科 ···

租賃糾紛大多發生在都會地區的調解會，大多是房東為了請求房客給付積欠的租金或是租約到期要求搬遷的個案，有的則是房客已經搬出承租的房屋或店面，但房東卻還沒有退還押租保證金而來聲請調解的個案。租賃糾紛的問題較不複雜，也多能經由調解會的調解而解決，只要當事人願意到場調解，面對問題理性協商，調解成立的機率是相當的高。

讀者想要更進一步了解租賃糾紛的處理，可以參閱法蘭客所著的**《法律保護誰？》**一書，書中就〔**如何簽訂一份有保障的租賃契約？**〕及〔**如何處理租賃糾紛？**〕會有更詳盡的說明。

租賃爭議事件聲請調解書

聲請調解書（筆錄）		收件日期：			年　　月　　日　　時　　分			
		收件編號：		案號：	年　調字第　　號			
稱　謂	姓　名 （或名稱）	性別	出生日期	國民身分證 統一編號	職業	住　所　或　居　所 （事務所或營業所）		連絡電話
聲請人								
對造人								

上當事人間 **租賃爭議** 事件聲請調解，事件概要如下：

聲請人係 【　】出租人 【　】承租人（請於【　】內打「V」）

租賃處所：

租賃期間：自　　年　　月　　日起至　　年　　月　　日止

租　　期：　年　　月

租　　金：每月（期）　　　　　押　金：

因下列原因：（請於【　】內打「V」）

【　】積欠租金達　　月尚未給付。

【　】租約到期，經依法通知終止租約而尚未搬遷。

【　】尚未返還押金。

【　】其他事由：

請貴會惠予協助調解，解決紛爭。

（本件現正在　　　　地方法院檢察署偵查審理中，案號如右：　　　　　　　　　）	
證物名稱及件數	
聲請調查證據	

此致　　　　市　　　　區 調解委員會

中華民國　　年　　月　　日

聲請人：　　　　　　（簽名或蓋章）

上筆錄經當場向聲請人朗讀或交付閱覽，聲請人認為無異。

筆錄人：　　　　　　（簽名或蓋章）

聲請人：　　　　　　（簽名或蓋章）

附註：1.提出聲請調解書時，應按對造人提出繕本。

2.當事人如有「法定代理人」或「委任代理人」應於「稱謂」一欄下記明之；如兼有兩者，均應記明。

3.聲請人或對造人為無行為能力或限制行為能力者，應記明其法定代理人。

4.「事件概要」部分應摘要記明兩造爭議情形，如該調解事件在法院審理或檢察署偵查中〈該事件如已經第一審法院辯論終結者，不得聲請調解〉，並應將其案號及最近情形一一記明。

5.聲請人如聲請調查證據，應將證物之名稱、證人之姓名及住居所等記明於「聲請調查證據」一欄。

6.聲請人自行提出聲請調解書時，請將標題之「筆錄」二字及末欄刪除。

玖、常用各式聲請調解書及相關書表範例

155

四、相鄰關係事件聲請調解書 及相關書表範例

有糾紛？找調解會！

相鄰關係（房屋漏水）事件聲請調解書

都會人的惡夢：房屋漏水面面觀

冷氣室外機設置不當事件聲請調解書（範例）

妨害安寧事件聲請調解書（範例）

調解實務小百科

　　相鄰關係衍生的糾紛種類百百種，其中又以房屋漏水衍生的糾紛為大宗，這類糾紛特別容易出現在都會地區的集合式住宅，是位在都會地區的調解會處理各類型的案件中，僅次於車禍糾紛的調解，也就是因房屋漏水而聲請調解的案件數高居各類型糾紛的第二位。

　　除了房屋漏水的糾紛外，占用法定空地、在防火巷或頂樓加蓋違建、未經同意而在他人牆上懸掛招牌或架設分離式冷氣室外機以及噪音擾鄰等等都是調解常會受理調解的個案。相鄰關係衍生的糾紛，往往不是糾紛本身有多複雜，主要的問題還是在於「人」的因素。

　　因此調解實務上，常看到調解對造人因沒有意願調解而不到場，就算雙方當事人都出席調解了，也常要調解個兩、三次以上，即便如此都還未必能協調出一個結果來。因此相鄰關係的糾紛能經由調解而解決糾紛的機率也降到只有3到4成左右。

因為房屋漏水而衍生的糾紛態樣繁多，讀者可以參閱之後的【都會人的惡夢：房屋漏水面面觀】一文，會有更進一步的說明。

相鄰關係（房屋漏水）事件聲請調解書

第五號用紙

聲請調解書（筆錄）			收件日期：			年 月 日 時 分		
			收件編號：		案號：	年　調字第　　號		
稱　謂	姓　名（或名稱）	性別	出生日期	國民身分證統一編號	職業	住所或居所（事務所或營業所）		連絡電話
聲　請　人								
對　造　人								

上當事人間 **相鄰關係** 事件聲請調解，事件概要如下：

房屋門牌號：

發現有漏水現象之時間約於：　　年　　月間

漏水處所：

損害情形：

一、聲請人係上開房屋：（請於【　】內打「V」）

　　【　】所有權人　　　　【　】承租人　　　　【　】其他身分

二、漏水可能原因：（請於【　】內打「V」）

　　【　】管線年久失修　【　】裝潢施工不慎　【　】外牆龜裂　【　】原因不明

　　【　】其他原因：

補充說明：

請貴會惠予協助調解，解決紛爭。

（本件現正在　　　　地方法院檢察署偵查審理中，案號如右：　　　　　　　　）

證物名稱及件數	
聲請調查證據	

此致　　　　**市**　　　　**區** 調解委員會

中華民國　　　年　　　月　　　日

　　　　　　　　　　　　　　　聲請人：　　　　　（簽名或蓋章）

上筆錄經當場向聲請人朗讀或交付閱覽，聲請人認為無異。

　　　　　　　　　　　　　　　筆錄人：　　　　　（簽名或蓋章）

　　　　　　　　　　　　　　　聲請人：　　　　　（簽名或蓋章）

附註：1. 提出聲請調解書時，應按對造人提出繕本。

　　　2. 當事人如有「法定代理人」或「委任代理人」應於「稱謂」一欄下記明之；如兼有兩者，均應記明。

　　　3. 聲請人或對造人為無行為能力或限制行為能力者，應記明其法定代理人。

　　　4. 「事件概要」部分應摘要記明兩造爭議情形，如該調解事件在法院審理或檢察署偵查中〈該事件如已經第一審法院辯論終結者，不得聲請調解〉，並應將其案號及最近情形一一記明。

　　　5. 聲請人如聲請調查證據，應將證物之名稱、證人之姓名及住居所等記明於「聲請調查證據」一欄。

　　　6. 聲請人自行提出聲請調解書時，請將標題之「筆錄」二字及末欄刪除。

都會人的惡夢：房屋漏水面面觀

概説

　　房屋漏水衍生的糾紛通常較易發生在都會地區的集合式住宅。多數是老舊公寓因為管線年久失修所致，有的則是新屋裝潢或舊屋改建施工時造成的鄰損。

　　從調解實務上的觀察，房屋漏水衍生的糾紛不能儘速解決，原因大多出在「人」本身，未必是漏水的問題有多複雜。由於每個人的成長學習環境背景不盡相同，遇到問題的反應與處理的方式也各異其趣，我們既然無法把自己的想法強求別人認同，最好還是透過協商取得共識，才是上策。

　　解決房屋漏水的糾紛，通常要先把漏水的原因找出來，下一步才能判斷誰要對漏水及造成的損害負責，進而決定由誰找人來修？怎麼修？由誰來負擔修漏及損害賠償的費用？

　　除了當事人自行協商解決外，在設有管理委員會的社區，也可以請社區總幹事協助；沒有管理委員會的老公寓或華廈，可以考慮請當地里、鄰長幫幫忙；當這些非正式的管道都用上了，委屈還是不能求全，那也只能循求法律途徑來解決。

　　法律途徑的第一步通常是先透過當地公所調解委員會來進行，能在調解委員會解決是最好，如果連調解委員會都幫不上忙的話，不得已時才考慮是否有必要訴請法院公斷，好釐清漏水的責任歸屬，並憑以判斷誰要對此負修漏及賠償之責。

房屋漏水的原因

實務上，受害屋主大都是先發現房子浴廁或廚房牆壁有壁癌、油漆剝落的情形或是天花板有滲漏水的現象、傢俱或裝潢發出霉味或受潮，才驚覺房子可能發生漏水的問題。實務上常見的漏水原因有以下幾種。

1.管線年久失修

這種情形多半發生在屋齡二、三十年以上的老公寓或華廈（有電梯設施的大樓），據老經驗的水電師傅說，不論是排水管線或自來水管線，正常使用的情況下，差不多15年就要進行管線更新替換，否則就有潛藏滲、漏水的危機。

年久失修導致漏水的管線，可區分為「自來水管線」與「排水管線」，自來水管線又可細分為「冷水管」與「熱水管」，實務上碰到的自來水管線漏水，以連接熱水器的「熱水管」破損造成漏水的情形占多數，這可能是因為「熱水管」歷經長期使用加上熱脹冷縮的緣故，自然容易破損。

這類情形造成的漏水，因管線多是埋設在牆壁或樓地板內的暗管，通常不容易判斷確實漏水的位置，要靠有經驗的師傅抓漏，甚至要透過精密的儀器檢測，才能找到真正的漏水所在。

2.裝潢施工不慎所致

不論是新屋裝潢或是老屋翻修，只要工人施作稍不注意，就有可能在開挖鑽鑿的過程中毀損管線。這種情形造成的漏水原因，雖然比較容易判斷，責任歸屬也比年久失修的

情形要容易解決；但實務上，正在進行室內整修裝潢的屋主，有時並不積極協助解決，屋主可能把責任推給工人，工人把責任推給設計師，推諉卸責的結果，倒楣的還是住在樓下的住戶。

3.外牆滲漏

外牆就是所謂的共同壁，外牆滲漏水的情形大多會出現在下大雨或連續下了好幾天小雨的時候。牆壁因為吸足水氣，初期會有油漆剝落及壁癌的現象，嚴重一點的，甚至會有小塊水泥掉落的情況發生。

要解決外牆滲漏的問題，受害屋主通常要先尋求共同壁上下樓層的住戶一起解決，若有住戶不願意配合修繕或分攤修繕費用時，外牆滲漏的問題一時三刻也是難以解決。

4.頂樓天臺防水層老化

頂樓天臺一般是屬於全體區分所有權人「公同共有」，正常情形下，也有年久失修遇雨滲漏的問題。

住在頂樓的住戶這個時候就比較倒楣，要解決這種漏水問題，如果頂樓住戶願意自費整修，其他樓層的住戶自然是不會有什麼意見，但頂樓住戶若是寄望修繕費能由全體住戶出錢分攤的話，除非是在設有管理委員會的社區，可由社區管理委員會統籌辦理，否則只要有住戶不願積極配合，問題還是懸而未決。

5.其他

諸如住家旁有工地正在施工而造成的鄰損（包括牆壁龜裂或管線破損的情況）；室內裝修工程驗收後，未將排水管線內雜物清除，造成污水外溢滲漏。此外，還有一種比較特殊的情況，是餐飲業者的冷凍設備造成樓地板的冷凝水，這會使得住在設有該冷凍設備的樓上住戶，因地板受潮而引發濕滑跌倒的危險，長期下來不解決的話，室內霉味溼氣重，對人體健康也會造成一定程度的影響。

以上是針對調解實務上常見的漏水原因所作的說明，其他類似的問題，例如化糞管線因年久失修或施工不慎而造成破損，殃及芳鄰的糾紛個案，也是時有所聞。

房屋漏水衍生糾紛的原因

1.推→拖→賴：三部曲

基於敦親睦鄰、守望相助的精神，多數房屋漏水衍生的糾紛，鄰居多願各退一步，私下解決；但遇到平常不相往來的鄰居或是樓上沒人住的空屋，又或者是樓上出租給房客而找不到屋主或是沒有社區管理委員會可提供協助時，身受漏水之苦而不能解決的屋主，最常碰到的狀況就是「推」、「拖」、「賴」。

「推」是最為常見的步數，可能的說詞是「你家漏水，我家又沒漏水」，但水往低處流，樓上當然看不出漏水。如果樓上的屋主想「推得更乾脆點」有的還會補上一句：「既然你家漏水，你應該自己去找人修理啊！」

再來是採「拖」字訣的，「我不是屋主，屋主也不住在這裡，所以……」、「因為我是房客，所以不能作主……」、「因為出國，最近沒空找人修繕……」，反正就是能拖就拖，虛應一番，讓「苦主」碰個軟釘子回去。

一旦推拖不成，最後就是「賴」，常聽到的說詞是：「要告就去告，沒憑沒據的，就說是我家漏水。」雙方當下撕破臉，從此關係形同水火。

2.溝通不良、互動不佳

這也是漏水衍生糾紛常會碰到的狀況，通常是樓下住戶一發現有漏水時，便以「興師問罪」的態度找樓上屋主理論。理性一點的屋主，會先聽聽樓下住戶說明原委；但如果平時樓上、樓下鄰居間本就沒有什麼互動或是互動關係本就不佳時，當樓下住戶不分青紅皂白地上樓質問，口氣又不是很好的話，樓上屋主直接關起大門，讓對方吃閉門羹的案例，也是有的。

發現房屋漏水，往往不容易在第一時間找到原因，但有些被害屋主在主觀認知上就先一口咬定是樓上出了問題，這讓樓上的屋主頗不以為然，即便多數漏水的原因最後查證的結果可能都與樓上住戶有關，但在事實真相未明之前，態度不佳再加上不友善的言語，往往未必能得到對方相對善意的回應。

有些案例則是樓上屋主不能體會樓下住戶身受漏水之苦，表面上說會找人來測漏，實際上卻毫無作為，敷衍行事的結果，時日一久，漏水問題未見改善，樓下住戶再度上門

理論時，難免動氣，出言不遜。

3.責任歸屬不明

分住樓上、樓下的屋主若能夠好好溝通，互動情形也還不錯，其實也未必就能快速處理房屋漏水的問題。由於認知的不同，對於漏水的原因，雙方可能各執一詞，你說是樓上管線漏水，對方卻說是外牆年久失修的緣故；又或者說是隔壁住戶的問題或是公共管道間的問題，總之樓上屋主通常不會一開始就先承認漏水是自家屋內造成的。

水往低處流是經驗法則，樓下住戶發現房屋漏水，通常只是基於合理的懷疑，未必有確切的證據可以證明是樓上造成的，這也讓樓上屋主多了藉口或反駁的理由，要樓下住戶先行舉證，才願意配合處理；但事實上，樓下住戶除了能證明確實受有漏水的損害外，要能證明到漏水的原因是出自樓上住戶並不容易。如果樓下住戶請人來抓漏，水電師傅為了進一步確認漏水的原因，必須樓上的屋主配合勘漏或測漏而遭屋主拒絕時，問題還是無解。此外，有時樓上屋主雖然同意配合抓漏，但往往又會質疑對方請來的師傅不夠專業，屋主甚至會附加「但書」要求抓漏不能鑽牆鑿壁、不能打洞開挖。如此一來，再有經驗的抓漏師傅寧可不賺這種辛苦錢，也不會為此背書。

4.住戶置之不理

所謂的置之不理，不僅僅是樓上屋主相應不理這麼簡單，有時候樓上屋主（指房屋所有權人）根本就不住在樓上

（可能另住他處或因出國等因素），樓上成了空屋；又或者是房屋已出租給房客，房客不願提供屋主的聯絡方式；或是房客雖曾代為轉達，但房東卻無任何具體回應。

樓上屋主置之不理或樓上房客置身事外的情況，都會讓漏水問題無從處理，最終只能尋求法律途徑來解決。

5.做法錯誤

深受漏水之苦的住戶如果不能理性面對問題，尋求正常解決的管道，很可能衍生漏水以外的紛爭，橫生枝節，造成鄰居間更大的衝突與對立。

實務上較常見的情況是不能就事論事，例如威脅樓上屋主不儘速修漏，就要告發其房屋有違建之不法；或是揚言舉發其出租的房屋涉嫌逃漏稅等情事。這種你踩我痛處（漏水），我就抓你把柄（違建、逃漏稅）的做法，只會讓問題更難解決，並不可取。

再者，有的苦主會自行研判漏水的原因後，自行到頂樓的水塔去把樓上供水的總開關關閉，更讓樓上屋主為之氣結！動輒揚言要提告樓下住戶涉嫌妨害自由（指《刑法》第304條有關妨害他人行使權利的強制罪），雖然未必能成罪，但雙方結下樑子以後，原來的漏水問題會因此而獲得解決嗎？答案很明顯，當然不會。

此外，房屋漏水是相鄰關係事件中常見的民事糾紛，雙方如果因故未能解決，找管區員警來處理有用嗎？

基本上，沒有涉及刑事犯罪的話，管區員警當然不會受理，頂多是到場講幾句公道話，要住戶去調解委員會調解。

166

如果雙方當著警察的面出言不遜或大打出手，彼此又互控對方妨害名譽或傷害，員警也只好將雙方帶回派出所依法偵辦，但漏水的問題依然還是沒有解決。

其他比較特殊的情況，還有樓上屋主找人修漏，修是修了，但未對症下藥，導致漏水問題一再反覆發生，彼此積怨。也有因為外牆滲漏、頂樓天臺防水層或管道間管線因年久失修造成的漏水，因涉及公共設施而必須由社區管理委員會或全體住戶共同解決，有時也會涉及費用分攤或如何施作的問題。例如：社區管理委員會已查明公共管道間漏水的位置，但必須住戶配合鑿壁開洞工程的進行時，住戶基於私人理由未必願意配合施工。

結論

綜合以上的說明，其實解決房屋漏水的問題，多數情形並不如想像中那麼困難。請有合格證照的水電師傅前來抓漏，找出漏水的原因，再就漏水的原因來釐清責任歸屬，看要怎麼修？從哪裡修？由誰去請師傅來修？修繕費用誰出？要怎麼分攤費用？把這些重點釐清後，忍耐一時的不便，漏水問題其實倒也不難解決。

俗話說：「千金買屋，萬金買鄰。」畢竟同是住在一個屋簷下，鄰居彼此間實在不需要為了漏水的問題，傷了和氣。理應將心比心，把鄰居家漏水的問題當作是自家的問題，共謀修繕解決之道，才是上策。如果你是深受漏水之苦的屋主，當漏水的問題一直不能獲得妥善處理時，當機立斷吧！透過適當的法律途徑解決，絕對勝過你望眼欲穿的等

待。畢竟天底下，唯一能讓您不勞而獲的，也只有「災難」
而已。

冷氣室外機設置不當事件聲請調解書（範例）

事件概要：

　　張三住家後方隔著防火巷的李四住家，最近加裝了分離式冷氣機，因為裝設位置不當，李四家冷氣室外機只要一啟動運轉，不僅發出惱人的噪音，且機器散發的熱氣也進到張三的家裡，張三要求李四改善，但李四均置之不理。

聲請調解書（筆錄）		收件日期：		年　月　日　時　分				
		收件編號：		案號：　年　調字第　號				
稱　謂	姓　　名 （或名稱）	性別	出生日期	國民身分證 統一編號	職業	住　所　或　居　所 （事務所或營業所）	連絡電話	
聲請人	張 三	男	**.*.*	A1*******		○市○區○街○號3樓	請填寫	
對造人	李 四	男				○市○區○路○號3樓	請填寫	

上當事人間 **相鄰關係** 事件聲請調解，事件概要如下：

聲請人位於○市○區○街○號3樓之住處後方隔著防火巷，係對造人之住家，因對造人於其住處後方外牆裝設分離式冷氣機，因裝設位置不當，只要室外壓縮機一啟動運轉，不僅機器的噪音惱人，且散發出的熱氣也進到聲請人的住家，實在苦不堪言，聲請人要求李四改善，但李四均置之不理，請貴會惠予協助調解，解決紛爭。

（本件現正在　　　地方法院檢察署偵查審理中，案號如右：	）
證物名稱及件數	照片○張
聲請調查證據	

　此致　　　市　　　區調解委員會

中華民國 ○ 年 ○ 月 ○ 日

　　　　　　　　　　　　　　聲請人：張 三　　　（簽名或蓋章）

上筆錄經當場向聲請人朗讀或交付閱覽，聲請人認為無異。
筆錄人：　　　　　　　　（簽名或蓋章） 　　　　　　聲請人：　　　　　　　　（簽名或蓋章）

附註：（略）

妨害安寧事件聲請調解書（範例）

事件概要：

　　張三住家樓上，每到半夜不時就會發出聲響，導致張三長期失眠，多次要求住在樓上的李四改善，但李四均置若罔聞。

聲請調解書（筆錄）		收件日期：				年 月 日 時 分		
		收件編號：			案號：	年 調字第 號		
稱 謂	姓 名（或 名 稱）	性別	出生日期	國民身分證統 一 編 號	職業	住 所 或 居 所（事務所或營業所）	連絡電話	
聲請人	張 三	男	**.*.*	A1********		○市○區○街○號 3 樓	請填寫	
對造人	李 四	男				○市○區○街○號 4 樓	請填寫	

上當事人間 **妨害安寧** 事件聲請調解，事件概要如下：

聲請人住居於○市○區○街○號 3 樓之住處，因住於同址門號 4 樓之對造人每至半夜常常發出聲響（例如拖動桌椅、物品掉落、大聲喧嘩……等等），妨害鄰居安寧，影響生活品質，聲請人多次向對造人反映上情，要求配合改善，均無結果，請貴會惠予協助調解，解決紛爭。

（本件現正在	地方法院檢察署偵查審理中，案號如右： ）
證 物 名 稱 及 件 數	
聲 請 調 查 證 據	

此致 市 區調解委員會

中華民國 ○ 年 ○ 月 ○ 日

聲請人：張 三 （簽名或蓋章）

上筆錄經當場向聲請人朗讀或交付閱覽，聲請人認為無異。

筆錄人： （簽名或蓋章）
聲請人： （簽名或蓋章）

附註：（略）

五、不動產履約爭議事件聲請調解書及相關書表範例

不動產履約爭議事件聲請調解書

房屋瑕疵（海砂屋）事件聲請調解書（範例）

請求退還仲介費事件聲請調解書（範例）

🔍 調解實務小百科 ·······························

　　有關不動產履約衍生的糾紛，實務上較常見的是房屋買賣及仲介過程中衍生的糾紛。又以房屋買賣過戶點交後，發現屋況出現漏水、氯離子過高（俗稱海砂屋）等瑕疵的問題居多。少數個案則涉及買到兇宅、登記坪數與事實不符或因故要解除買賣契約等情事。

　　不論是房屋或土地，不動產買賣交易的價額動輒數百萬或上千萬元，這類糾紛如果放棄到調解會調解而上法院打官司，光是裁判費就是一筆不少的數目，說不定還要花錢請律師幫忙，官司一打下來，不知何年何月才有結果？

　　訴訟絕非明智之舉，透過調解會調解才是上策，而且調解成立的機率頗高，如果買賣雙方簽約時有委託房仲公司的話，在仲介人員居間協調下，通常糾紛也較為容易解決，應該多多利用才是。

172

不動產履約爭議事件聲請調解書

聲請調解書（筆錄）			收件日期：		年 月 日 時 分			
			收件編號：		案號： 年 調字第 號			
稱 謂	姓 名（或 名 稱）	性別	出生日期	國民身分證統 一 編 號	職業	住 所 或 居 所（事 務 所 或 營 業 所）		連絡電話
聲 請 人								
對 造 人								

上當事人間 **不動產履約爭議** 事件聲請調解，事件概要如下：

聲請人係：【　】買受人　【　】出賣人　【　】仲介人（請於【　】內打「V」）

建物門牌號：

地　　號：　　　　　　　　　　　　　　土地持分：

簽約日期：　　年　　月　　日　　　　　買賣價金：

一、房、地是否已辦理所有權移轉登記及點交？（請於【　】內打「V」）

　　【　】尚未辦理過戶　【　】已過戶尚未點交　【　】已過戶並完成點交

　　【　】其他情形：

二、原因及經過：

三、請求事項：

請貴會惠予協助調解，以解決紛爭。

（本件現正在　　　　　地方法院檢察署偵查審理中，案號如右：　　　　　　　）	
證 物 名 稱 及 件 數	
聲 請 調 查 證 據	

此致　　　　市　　　　　區 調解委員會

中華民國　　　年　　月　　日

　　　　　　　　　　　　　　　　　　聲請人：　　　　　（簽名或蓋章）

上筆錄經當場向聲請人朗讀或交付閱覽，聲請人認為無異。	
	筆錄人：　　　　　（簽名或蓋章）
	聲請人：　　　　　（簽名或蓋章）

附註：1.提出聲請調解書時，應按對造人提出繕本。

　　　2.當事人如有「法定代理人」或「委任代理人」應於「稱謂」一欄下記明之；如兼有兩者，均應記明。

　　　3.聲請人或對造人為無行為能力或限制行為能力者，應記明其法定代理人。

　　　4.「事件概要」部分應摘要記明兩造爭議情形，如該調解事件在法院審理或檢察署偵查中（該事件如已經第一審法院辯論終結者，不得聲請調解），並應將其案號及最近情形一一記明。

　　　5.聲請人如聲請調查證據，應將證物之名稱、證人之姓名及住居所等記明於「聲請調查證據」一欄。

　　　6.聲請人自行提出聲請調解書時，請將標題之「筆錄」二字及末欄刪除。

房屋瑕疵（海砂屋）事件聲請調解書（範例）

事件概要：

李四將座落於○市○區○街○巷○號○樓之房屋賣給張三，雙方訂有買賣契約並已完成過戶及點交，張三入住後不久，發現屋內天花板及牆壁均有混凝土剝落的情況，委請專家檢測後，發現是混凝土中的氯離子含量過高所致，張三認為李四刻意隱瞞海砂屋的事實，要求李四出面解決。

聲請調解書（筆錄）			收件日期：		年　月　日　時　　分		
			收件編號：		案號：　年　調字第　　號		
稱　謂	姓　　名（或名稱）	性別	出生日期	國民身分證統一編號	職業	住所或居所（事務所或營業所）	連絡電話
聲請人	張　三	男	**.*.*	A1********		○市○區○路○號	請填寫
對造人	李　四	男				○市○區○街○號	請填寫

上當事人間 **不動產履約爭議** 事件聲請調解，事件概要如下：

聲請人係：【V】買受人　【　】出賣人　【　】仲介人（請於【　】內打「V」）

建物門牌號：○　市　○　區　○　街　○　巷　○　號　○　樓

地　　號：○　市　○　區　○　段　○　小段　○　號。土地持分：**分之*

簽約日期：○　年　○　月　○　日。　　買賣價金：○　元整。

一、房、地是否已辦理所有權移轉登記及點交？（請於【　】內打「V」）

　　【　】尚未辦理過戶　　【　】已過戶尚未點交　　【V】已過戶並完成點交

　　【　】其他情形：

二、原因及經過：

　　○年○月○日對造人將房屋點交聲請人後，屋內天花板及牆壁均有混凝土剝落的情況，委請專家檢測後，發現是混凝土中的氯離子含量過高所致。

三、請求事項：

　　聲請人請求解除買賣契約，對造人並應賠償聲請人所受之損害。

請貴會惠予協助調解，解決紛爭。

（本件現正在　　　地方法院檢察署偵查審理中，案號如右：　　　　　　　　　　）	
證物名稱及件數	買賣契約書、房屋權狀、鑑定報告書影本各1份、照片○張
聲請調查證據	

此致　　　　市　　　　　區調解委員會

中華民國　○　年　○　月　○　日

　　　　　　　　　　　　　　　　　　聲請人：張　三　　　　（簽名或蓋章）

上筆錄經當場向聲請人朗讀或交付閱覽，聲請人認為無異。

　　　　　　　　　　　　　　筆錄人：　　　　　　　　　（簽名或蓋章）

　　　　　　　　　　　　　　聲請人：　　　　　　　　　（簽名或蓋章）

附註：（略）

請求退還仲介費事件聲請調解書（範例）

事件概要：

　　張三經由仲介公司之仲介看中了一間30年的老公寓，因仲介公司表示屋況良好，房子絕無漏水的問題，張三在與賣方簽完買賣契約後，便將仲介費付給了仲介公司。不料張三入住後，連續下了幾天大雨，發現屋內多處有滲、漏水的情形，顯然仲介公司早就知道有此瑕疵，卻刻意隱瞞屋況不良的事實，張三認為仲介公司應該要對此事負責。

聲請調解書（筆錄）			收件日期：		年　月　日　時　分			
			收件編號：		案號：　年　調字第　號			
稱　謂	姓　名 （或名稱）	性別	出生日期	國民身分證 統一編號	職業	住　所　或　居　所 （事務所或營業所）		連絡電話
聲請人	張　三	男	**.*.*	A1********		○市○區○路○號		請填寫
對造人	○○房屋仲介 （股）公司 法代：○○○		公司統編	********		○市○區○路○號		請填寫

上當事人間 **不動產履約爭議** 事件聲請調解，事件概要如下：

聲請人於民國（下同）○年○月○日與對造人（即仲介人）訂有仲介合約，經由對造人之仲介而向第三人李四價購座落於○市○區○街○巷○號○樓之房地，上開房地業已完成過戶並已點交，聲請人並已給付對造人仲介費計新臺幣○萬元。

因聲請人入住後不久，即發現上開房屋浴廁、廚房等處天花板均有滲、漏水之情形，對造人顯然於聲請人簽約購屋前即已知悉該屋有漏水之事實，卻故意不告知屋況有此瑕疵，刻意隱瞞重要資訊，造成聲請人受有損害，對造人理應退還已向聲請人收取之仲介費，請貴會惠予協助調解，解決紛爭。

（本件現正在　　地方法院檢察署偵查審理中，案號如右：　　　　　　　）

證物名稱及件數	仲介合約影本1份、房屋漏水照片○張
聲請調查證據	

此致　　　　市　　　　區調解委員會

中華民國　○　年　○　月　○　日

聲請人：張三　　　　　　（簽名或蓋章）

上筆錄經當場向聲請人朗讀或交付閱覽，聲請人認為無異。

筆錄人：　　　　　　　　（簽名或蓋章）

聲請人：　　　　　　　　（簽名或蓋章）

附註：（略）

六、工程履約爭議事件聲請調解書及相關書表範例

工程履約爭議事件聲請調解書

請求給付工程款事件聲請調解書（範例）

工程延宕，請求終止契約事件聲請調解書（範例）

🔍 調解實務小百科

　　因為工程履約衍生的糾紛，實務上較常見的是室內裝修工程的糾紛，有可能是工程完工後，業主沒有給付工程尾款，也可能是工程延誤尚未完工或是業主與施工廠商對於施工品質有所爭議而衍生的糾紛。

　　不論是業主與施工廠商間的工程糾紛，抑或是廠商與廠商間的工程糾紛，也不論是大工程或小工程，調解會都能協助雙方進行調解。調解會也不乏具有工程背景的調解委員，透過委員的專業知識及調解技巧，涉及工程糾紛的調解事件，也有高達6、7成以上的調解成立率喔！

工程履約爭議事件聲請調解書

第五號用紙

聲請調解書（筆錄）			收件日期：		年　　月　　日　　時　　分			
			收件編號：		案號：　　年　　調字第　　號			
稱　謂	姓　名（或名稱）	性別	出生日期	國民身分證統一編號	職業	住　所　或　居　所（事務所或營業所）		連絡電話
聲請人								
對造人								

上當事人間 **工程履約爭議** 事件聲請調解，事件概要如下：

聲請人係 【 】承攬人　【 】定作人（請於【 】內打「V」）

簽約日期：　　年　　月　　日（請依合約書、估價單或報價單所載日期填寫）

施工位址：

付款方式：【 】分期付款　【 】完工後一次付清　【 】驗收後一次付清
　　　　　【 】其他付款方式：

因下列原因：（請於【 】內打「V」）
【 】積欠工程款，尚未給付。　　【 】已逾施工期限，尚未完工。
【 】工程品質有瑕疵。

補充說明：

請貴會惠予協助調解，以解決紛爭。

（本件現正在　　　　地方法院檢察署偵查審理中，案號如右：　　　　　　　　）

證物名稱及件數	
聲請調查證據	

此致　　　市　　　區 調解委員會

中華民國　　年　　月　　日

聲請人：　　　　　（簽名或蓋章）

上筆錄經當場向聲請人朗讀或交付閱覽，聲請人認為無異。

筆錄人：　　　　　（簽名或蓋章）

聲請人：　　　　　（簽名或蓋章）

附註：1.提出聲請調解書時，應按對造人提出繕本。
　　　2.當事人如有「法定代理人」或「委任代理人」應於「稱謂」一欄下記明之；如兼有兩者，均應記明。
　　　3.聲請人或對造人為無行為能力或限制行為能力者，應記明其法定代理人。
　　　4.「事件概要」部分應摘要記明兩造爭議情形，如該調解事件在法院審理或檢察署偵查中〈該事件如已經第一審法院辯論終結者，不得聲請調解〉，並應將其案號及最近情形一一記明。
　　　5.聲請人如聲請調查證據，應將證物之名稱、證人之姓名及住居所等記明於「聲請調查證據」一欄。
　　　6.聲請人自行提出聲請調解書時，請將標題之「筆錄」二字及末欄刪除。

請求給付工程款事件聲請調解書（範例）

事件概要：

　　某室內設計公司承接客戶張三位於○市○區○街○號的室內裝潢工程，雙方訂有契約，約定完工後工程款一次付清，詎料完工後，張三以各種理由拒絕驗收，並拒付工程款。

聲請調解書（筆錄）			收件日期：		年　月　日　時　分		
			收件編號：	案號：	年　調字第　號		
稱　謂	姓　名（或名稱）	性別	出生日期	國民身分證統一編號	職業	住所或居所（事務所或營業所）	連絡電話
聲請人	○○室內設計有限公司法代：○○○		公司統編	********		○市○區○路○號	請填寫
對造人	張　三	男				○市○區○街○號	請填寫

上當事人間 **工程履約爭議** 事件聲請調解，事件概要如下：

聲請人係 【V】承攬人　【　】定作人（請於【　】內打「V」）
簽約日期：○　年　○　月　○　日（請依合約書或估價單、報價單所載日期填寫）
施工位址：○　市　○　區　○　街　○　號　房屋（店面）
付款方式：【　】分期付款　【V】完工後一次付清　【　】驗收後一次付清
　　　　　【　】其他付款方式：
因下列原因：（請於【　】內打「V」）
【V】積欠工程款，尚未給付。　　　【　】已逾施工期限，尚未完工。
【　】工程品質有瑕疵。

補充說明：
因對造人屢次要求變更設計內容，造成工期延誤，又以各種理由拒絕驗收工程，並拒付工程款。
請惠予協助調解，以解決紛爭。

（本件現正在　　　地方法院檢察署偵查審理中，案號如右：　　　　　　　　）	
證物名稱及件數	**裝潢工程合約書1份**
聲請調查證據	

　此致　　　　　市　　　　區調解委員會
中華民國　○　年　○　月　○　日

　　　　　　　　　聲請人：○○室內設計有限公司・法代：○○○　　（簽名或蓋章）

上筆錄經當場向聲請人朗讀或交付閱覽，聲請人認為無異。
　　　　　　　　　　　　　　筆錄人：　　　　　　　　　　　（簽名或蓋章）
　　　　　　　　　　　　　　聲請人：　　　　　　　　　　　（簽名或蓋章）

附註：（略）

工程延宕，請求終止契約事件
聲請調解書（範例）

事件概要：

　　張三委請土木工程行的李四就其位於○市○區○街○號之店面進行裝潢工程，雙方訂有契約，工程款約定分3期給付。詎料施工期間李四以各種理由追加工程款，張三在付完第2期工程款後，李四竟避不見面，且工程進度嚴重落後，造成張三無法如期開店營業。

聲請調解書（筆錄）			收件日期：		年　月　日　時　分			
			收件編號：		案號：　年　調字第　　號			
稱　謂	姓　名（或名稱）	性別	出生日期	國民身分證統一編號	職業	住所或居所（事務所或營業所）		連絡電話
聲請人	張三	男	**.*.*	A1********		○市○區○街○號		請填寫
對造人	李四（即○○工程行）	男				○市○區○路○號		請填寫

上當事人間 **工程履約爭議** 事件聲請調解，事件概要如下：

聲請人係　【　】承攬人　　【Ｖ】定作人（請於【　】內打「Ｖ」）

簽約日期：○年○月○日（請依合約書或估價單、報價單所載日期填寫）

施工位址：○市○區○街○號　店面

付款方式：【Ｖ】分期付款　【　】完工後一次付清　【　】驗收後一次付清

　　　　　【　】其他付款方式：

因下列原因：（請於【　】內打「Ｖ」）

【　】積欠工程款，尚未給付。　　　【Ｖ】已逾施工期限，尚未完工。

【　】工程品質有瑕疵。

補充說明：

施工期間對造人以各種理由要求追加工程款，但工程做到一半，對造人卻避不見面，造成工期延誤，聲請人店面無法如期開幕營業，希望能終止合約，另外找人善後。

請惠予協助調解，以解決紛爭。

（本件現正在　　地方法院檢察署偵查審理中，案號如右：　　　　　　　　　　　）	
證物名稱及件數	報價單○份、施工現場照片○張
聲請調查證據	

此致　　　　市　　　　區調解委員會

中華民國　○年　○月　○日

　　　　　　　　　　　　　　　聲請人：張三　　（簽名或蓋章）

上筆錄經當場向聲請人朗讀或交付閱覽，聲請人認為無異。	
筆錄人：	（簽名或蓋章）
聲請人：	（簽名或蓋章）

附註：（略）

七、商事履約爭議事件聲請調解書 及相關書表範例

商事（買賣）履約爭議事件聲請調解書

合夥履約爭議事件聲請調解書（範例）

消費借貸事件聲請調解書（範例）

網路交易糾紛事件聲請調解書（範例）

🔍 調解實務小百科

　　商事履約衍生的糾紛類型也是百百種，調解實務上以貨物商品買賣衍生的糾紛較為常見，經營合夥事業因內部不合而發生退夥、要求對帳的問題也不少，此外，以貸款分期付款的方式購買產品、課程而衍生付款或退款的問題，還有在網購盛行的現今社會，因網路交易而引發的爭議也相當的多……。

　　這類糾紛涉及金錢交易的數額通常不大，實在沒有必要為此勞師動眾地上法院打官司，建議當事人到調解會來調解，面對面把問題說清楚、講明白，調解成立的機率還是頗高的。

商事（買賣）履約爭議事件聲請調解書

聲請調解書（筆錄）	收件日期：	年 月 日 時 分		
	收件編號：	案號： 年 調字第 號		

稱　謂	姓　名（或名稱）	性別	出生日期	國民身分證統一編號	職業	住所或居所（事務所或營業所）	連絡電話
聲請人							
對造人							

上當事人間 **買賣履約爭議** 事件聲請調解，事件概要如下：

聲請人係　【　】出賣人　　　【　】買受人（請於【　】內打「Ｖ」）

交易日期：　　　　　　　　　金　額：

貨品名稱：　　　　　　　　　數　量：

出貨情形：【　】尚未出貨　　【　】部分出貨　　【　】已全部出貨

付款情形：【　】尚未付款　　【　】已付訂金　　【　】尾款未付

　　　　　【　】其他付款方式：

補充說明：

請惠予協助調解，以解決紛爭。

（本件現正在　　　　地方法院檢察署偵查審理中，案號如右：　　　　　　　　　）	
證物名稱及件數	
聲請調查證據	

此致　　　　市　　　　區 調解委員會

中華民國　　年　　月　　日

　　　　　　　　　　　　　　　　聲請人：　　　　（簽名或蓋章）

上筆錄經當場向聲請人朗讀或交付閱覽，聲請人認為無異。
筆錄人：　　　　（簽名或蓋章） 　　　　　　　　　　聲請人：　　　　（簽名或蓋章）

附註：1.提出聲請調解書時，應按對造人提出繕本。

　　　2.當事人如有「法定代理人」或「委任代理人」應於「稱謂」一欄下記明之；如兼有兩者，均應記明。

　　　3.聲請人或對造人為無行為能力或限制行為能力者，應記明其法定代理人。

　　　4.「事件概要」部分應摘要記明兩造爭議情形，如該調解事件在法院審理或檢察署偵查中〈該事件如已經第一審法院辯論終結者，不得聲請調解〉，並應將其案號及最近情形一一記明。

　　　5.聲請人如聲請調查證據，應將證物之名稱、證人之姓名及住居所等記明於「聲請調查證據」一欄。

　　　6.聲請人自行提出聲請調解書時，請將標題之「筆錄」二字及末欄刪除。

玖、常用各式聲請調解書及相關書表範例

185

合夥履約爭議事件聲請調解書（範例）

事件概要：

　　張三與李四約定各出資○元合夥經營公司，並由李四擔任公司負責人，後因公司經營不善，導致公司解散，雙方業已結束合夥關係，惟李四始終未能提供公司完整財務報表等資料進行對帳與結帳。

聲請調解書（筆錄）			收件日期：		年　月　日　時　分			
			收件編號：		案號：　年　調字第　號			
稱　謂	姓　名（或名稱）	性別	出生日期	國民身分證統一編號	職業	住　所　或　居　所（事務所或營業所）		連絡電話
聲請人	張 三	男	**.*.*	A1********		○市○區○路○號		請填寫
對造人	李 四	男				○市○區○街○號		請填寫

上當事人間 **合夥履約爭議** 事件聲請調解，事件概要如下：

聲請人與對造人間於民國（下同）○年○月間約定雙方各出資新臺幣（下同）○元合夥經營公司，並由對造人擔任公司負責人。

後因公司經營不善，導致公司解散，雙方已於○年○月○日結束合夥關係，惟對造人始終未能提供公司完整財務報表等資料供聲請人進行對帳與結算，致聲請人未能順利取回出資，請貴會惠予協助調解，解決紛爭。

（本件現正在　　　　地方法院檢察署偵查審理中，案號如右：　　　　　　　　　　　　）	
證物名稱及件數	合夥契約影本1份
聲請調查證據	

此致　　　　市　　　　區調解委員會

中華民國　○　年　○　月　○　日

聲請人：張 三　　　　（簽名或蓋章）

上筆錄經當場向聲請人朗讀或交付閱覽，聲請人認為無異。

筆錄人：　　　　　　　　（簽名或蓋章）
聲請人：　　　　　　　　（簽名或蓋章）

附註：（略）

消費借貸事件聲請調解書（範例）

事件概要：

　　張三為購買汽車，向○○公司辦理貸款，但因經濟狀況欠佳，無力繳納分期付款，希望該公司能出面協商解決。

聲請調解書（筆錄）		收件日期：		年　月　日　時　分				
		收件編號：		案號：　年　調字第　　號				
稱　謂	姓　名 （或名稱）	性別	出生日期	國民身分證統一編號	職業	住所或居所 （事務所或營業所）	連絡電話	
聲請人	張 三	男	**.*.*	A1********		○市○區○街○號	請填寫	
對造人	○○資產管理 有限公司 法代：○○○		公司統編	********		○市○區○路○號	請填寫	

上當事人間 消費借貸 事件聲請調解，事件概要如下：

聲請人（債務人）為購買汽車於民國（下同）○年○月間曾向對造人（債權人）辦理汽車分期貸款，後因無力繳納貸款，致尚積欠對造人貸款新臺幣○元未付，請貴會惠予協助調解，解決紛爭。

（本件現正在　　　　地方法院檢察署偵查審理中，案號如右：　　　　　　　　　）

證物名稱及件數	貸款合約書影本1份
聲請調查證據	

此致　　　　市　　　區調解委員會

中華民國 ○ 年 ○ 月 ○ 日

聲請人：張 三　　　　（簽名或蓋章）

上筆錄經當場向聲請人朗讀或交付閱覽，聲請人認為無異。

筆錄人：　　　　　　　（簽名或蓋章）
聲請人：　　　　　　　（簽名或蓋章）

附註：（略）

網路交易糾紛事件聲請調解書（範例）

事件概要：

　　張三透過○○公司提供的網路交易平臺販賣商品，因與買家發生買賣糾紛，遭買家投訴，該公司於是將張三申請的帳號作出停權處分，事後張三與買家和解，請求該公司收回停權的處分，以利繼續進行網路交易。

聲請調解書（筆錄）			收件日期：		年　　月　　日　　時　　分			
			收件編號：		案號：　年　　調字第　　號			
稱　謂	姓　名 （或名稱）	性別	出生日期	國民身分證 統一編號	職業	住　所　或　居　所 （事務所或營業所）		連絡電話
聲請人	張三	男	**.*.*	A1********		○市○區○街○號		請填寫
對造人	○○網路（股） 公司 法代：○○○		公司統編	********		○市○區○路○號		請填寫

上當事人間 **履約爭議** 事件聲請調解，事件概要如下：

聲請人在對造人所經營之○○拍賣網站申請帳號（帳號名稱：***）提供商品拍賣，因網拍物品瑕疵而與買家發生履約爭議，經買家向對造人提出申訴，對造人遂於民國（下同）○年○月○日對聲請人上開帳號逕行做出停權。

茲聲請人已與買家達成和解，並向對造人就與買家之間的爭議始末提出說明，希望對造人能將聲請人在○○拍賣網站所設之帳號（帳號名稱：***）回復受停權前之一切原狀，請貴會惠予協助調解，解決紛爭。

（本件現正在　　　　地方法院檢察署偵查審理中，案號如右：　　　　　　）	
證物名稱及件數	和解書影本1份
聲請調查證據	

此致　　　　市　　　　區調解委員會

中華民國　○　年　○　月　○　日

聲請人：張三　　　（簽名或蓋章）

上筆錄經當場向聲請人朗讀或交付閱覽，聲請人認為無異。
筆錄人：　　　　　　　　　（簽名或蓋章） 聲請人：　　　　　　　　　（簽名或蓋章）

附註：（略）

八、消費爭議事件聲請調解書 及相關書表範例

消費爭議事件聲請調解書

購物消費爭議事件聲請調解書（範例）

餐廳消費爭議事件聲請調解書（範例）

申辦手機（門號）爭議事件聲請調解書（範例）

購買課程、產品等爭議事件聲請調解書（範例）

🔍 調解實務小百科 ·········

消費爭議也是商事履約糾紛中的一種類型，但這類糾紛的當事人通常一方是消費者，另一方是業者，所以特別獨立一個單元來介紹。

本單元提供的消費爭議事件聲請調解書表範例，都是調解會曾受理聲請並經調解成立的案件。在服務完善且重視企業形象的大公司遇有消費糾紛時，透過客訴部門的協助，通常就能把客戶或消費者的問題解決，就不一定非要到調解會聲請調解不可。除非消費者不滿意業者的處理方式或結果，又或者是業者認為到調解會來調解較有公信力，那麼調解會還是非常樂意為大家提供服務的。

消費爭議事件聲請調解書

聲請調解書（筆錄）			收件日期：			年	月	日	時	分

	收件編號：	案號：	年	調字第	號

稱　謂	姓　名（或名稱）	性別	出生日期	國民身分證統一編號	職業	住　所　或　居　所（事務所或營業所）	連絡電話
聲 請 人							
對 造 人							

上當事人間 **消費爭議** 事件聲請調解，事件概要如下：

一、消費時間：

二、消費地點：

三、原因及經過：（請敘明具體事實）

四、權益損害情形：

補充說明：

請貴會惠予協助調解，解決紛爭。

（本件現正在　　　　地方法院檢察署偵查審理中，案號如右：　　　　　　　　　）

證物名稱及件數	
聲請調查證據	

　此致　　　　　市　　　　　區 調解委員會

中華民國　　　年　　　月　　　日

聲請人：　　　　　　　（簽名或蓋章）

上筆錄經當場向聲請人朗讀或交付閱覽，聲請人認為無異。

筆錄人：　　　　　　　（簽名或蓋章）

聲請人：　　　　　　　（簽名或蓋章）

附註：1.提出聲請調解書時，應按對造人提出繕本。

2.當事人如有「法定代理人」或「委任代理人」應於「稱謂」一欄下記明之；如兼有兩者，均應記明。

3.聲請人或對造人為無行為能力或限制行為能力者，應記明其法定代理人。

4.「事件概要」部分應摘要記明兩造爭議情形，如該調解事件在法院審理或檢察署偵查中〈該事件如已經第一審法院辯論終結者，不得聲請調解〉，並應將其案號及最近情形一一記明。

5.聲請人如聲請調查證據，應將證物之名稱、證人之姓名及住居所等記明於「聲請調查證據」一欄。

6.提出聲請調解書，將標題之「筆錄」二字及末欄刪除。

購物消費爭議事件聲請調解書（範例）

事件概要：

　　張三到賣場購物，因（請敘明具體情形）……，造成（請敘明權益損害情形）……。

聲請調解書（筆錄）			收件日期：			年　月　日　時　分			
			收件編號：			案號：　年　調字第　號			
稱　謂	姓　名（或名稱）	性別	出生日期	國民身分證統一編號	職業	住所或居所（事務所或營業所）			連絡電話
聲請人	張　三	男	**.*.*	A1********		○市○區○路○號			請填寫
對造人	○○有限公司法代：○○○		公司統編	********		○市○區○路○號			請填寫

上當事人間 **消費爭議** 事件聲請調解，事件概要如下：

一、消費時間：○ 年 ○ 月 ○ 日　午 ○ 時 ○ 分許

二、消費地點：　**市　　區 ○ 路 ○ 號（即店面、賣場、門市……）**

三、原因及經過：

　　聲請人於上開時間、地點在對造人經營之店面（賣場、門市……）購買（商品名、數量），因（請敘明具體事實，例如：商品過期、發霉、破損、有異物……等）。

四、權益損害情形：

　　（請敘明權益受損情形）

補充說明：

請貴會惠予協助調解，解決紛爭。

（本件現正在　　　　地方法院檢察署偵查審理中，案號如右：　　　　　　　　　　）	
證物名稱及件數	發票、照片
聲請調查證據	

　此致　　　　　市　　　　區調解委員會

中華民國 ○ 年 ○ 月 ○ 日

　　　　　　　　　　　　　　　聲請人：張三　　　　（簽名或蓋章）

上筆錄經當場向聲請人朗讀或交付閱覽，聲請人認為無異。
筆錄人：　　　　　　　　（簽名或蓋章）　　　　　　　聲請人：　　　　　　　　（簽名或蓋章）

附註：（略）

餐廳消費爭議事件聲請調解書（範例）

事件概要：

　　張三到餐廳消費，因（請敘明具體情形）……，造成（請敘明權益損害情形）……。

聲請調解書（筆錄）			收件日期：		年　月　日　時　分			
			收件編號：		案號：　年　調字第　　號			
稱　謂	姓　名（或名稱）	性別	出生日期	國民身分證統一編號	職業	住所或居所（事務所或營業所）		連絡電話
聲請人	○○餐飲有限公司法代：○○○		公司統編	＊＊＊＊＊＊＊＊		○市○區○路○號		請填寫
對造人	張三	男				○市○區○街○號		請填寫

上當事人間 **消費爭議** 事件聲請調解，事件概要如下：

一、消費時間：○　年　○　月　○　日　午　○　時　○　分許

二、消費地點：　　市　　區 ○ 路 ○ 號（○○餐廳）

三、原因及經過：

　　對造人於上開時間、地點在聲請人經營之○○餐廳用餐，因餐廳走道、樓梯濕滑（食材不潔），致對造人跌倒受傷（嘔吐、腹瀉就醫）。

四、權益損害情形：

　　如診斷證明書所載。

補充說明：**本公司願負擔對造人一切醫療費用。**

請貴會惠予協助調解，解決紛爭。

（本件現正在　　　地方法院檢察署偵查審理中，案號如右：　　　　　　　　　）	
證物名稱及件數	**對造人張三提供之診斷證明影本 1 份**
聲請調查證據	

　此致　　　　市　　　　區調解委員會

中華民國　○　年　○　月　○　日

　　　　　　　　　聲請人：○○餐飲有限公司．法代：○○○　　（簽名或蓋章）

上筆錄經當場向聲請人朗讀或交付閱覽，聲請人認為無異。
筆錄人：　　　　　　　　　　　　（簽名或蓋章）　　　　　　　　　聲請人：　　　　　　　　　　　　（簽名或蓋章）

附註：（略）

申辦手機（門號）爭議事件聲請調解書（範例）

事件概要：

　　張三到李四開設的通訊行申辦手機及門號，因（請敘明具體情形）……，造成（請敘明權益損害情形）……。

聲請調解書（筆錄）		收件日期：		年　月　日　時　分			
		收件編號：		案號：　年　調字第　號			
稱　謂	姓　　名 （或名稱）	性別	出生日期	國民身分證 統一編號	職業	住所或居所 （事務所或營業所）	連絡電話
聲請人	張三	男	**.*.*	A1********		○市○區○路○號	請填寫
對造人	李四 （即○○通訊行）	男				○市○區○路○號	請填寫

上當事人間 **消費爭議** 事件聲請調解，事件概要如下：

一、消費時間：○ 年 ○ 月 ○ 日 午 ○ 時 ○ 分許

二、消費地點： 市 區 ○ 路 ○ 號（通訊行、門市……）

三、原因及經過：

　　聲請人於上開時間、地點在對造人經營之店面（賣場、門市……）申辦手機（門號），因（請敘明具體事實，例如：手機故障、破損、通訊品質不良、話費帳單明細爭議……等）。

四、權益損害情形：

　　（請敘明權益受損情形）

補充說明：

請貴會惠予協助調解，解決紛爭。

（本件現正在　　　地方法院檢察署偵查審理中，案號如右：　　　　　　　　）	
證物名稱及件數	
聲請調查證據	

此致　　　　市　　　　區調解委員會

中華民國 ○ 年 ○ 月 ○ 日

　　　　　　　　　　　　　　　　　聲請人：張三　　　　（簽名或蓋章）

上筆錄經當場向聲請人朗讀或交付閱覽，聲請人認為無異。

　　　　　　　筆錄人：　　　　　　　　　　　（簽名或蓋章）
　　　　　　　聲請人：　　　　　　　　　　　（簽名或蓋章）

附註：（略）

有糾紛？找調解會！

購買課程、產品等爭議事件聲請調解書（範例）

事件概要：

　　張三向李四購買○○課程及產品，因（請敘明具體情形）……，造成（請敘明權益損害情形）……。

200

聲請調解書（筆錄）			收件日期：		年　月　日　時　分			
			收件編號：		案號：　年　調字第　號			
稱　謂	姓　名（或名稱）	性別	出生日期	國民身分證統一編號	職業	住所或居所（事務所或營業所）	連絡電話	
聲請人	張三	男	**.*.*	A1********		○市○區○路○號	請填寫	
對造人	○○有限公司法代：○○○	男				○市○區○路○號	請填寫	

上當事人間 **消費爭議** 事件聲請調解，事件概要如下：

一、消費時間：○ 年 ○ 月 ○ 日 午 ○ 時 ○ 分許

二、消費地點：　市　區○路○號（○○）

三、原因及經過：

　　聲請人於上開時間、地點在對造人經營之店面（門市……）購買（美容保養、健身、瑜伽……）課程及產品（名稱，數量），因（請敘明具體事實，例如：不符需求、沒時間上課、費用爭議……等）。

四、權益損害情形：

　　（請敘明權益受損情形）

補充說明：**請求對造人解約退費（退還餘額……）**

請貴會惠予協助調解，解決紛爭。

（本件現正在　　地方法院檢察署偵查審理中，案號如右：　　　　　　）	
證物名稱及件數	
聲請調查證據	

此致　　　　市　　　　區調解委員會

中華民國 ○ 年 ○ 月 ○ 日

　　　　　　　　　　　　　　　　聲請人：張三　　　　（簽名或蓋章）

上筆錄經當場向聲請人朗讀或交付閱覽，聲請人認為無異。

　　　　　　　　　　筆錄人：　　　　　　　（簽名或蓋章）
　　　　　　　　　　聲請人：　　　　　　　（簽名或蓋章）

附註：（略）

九、侵權行為事件聲請調解書及相關書表範例

侵權行為事件聲請調解書

侵害身體權（打人成傷）事件聲請調解書（範例）

侵害身體權（外牆磁磚掉落傷人）事件聲請調解書（範例）

侵害身體權、健康權（醫療糾紛）事件聲請調解書（範例）

侵害人格權（妨害名譽、公然侮辱）事件聲請調解書（範例）

侵害人格權（妨害名譽、誹謗）事件聲請調解書（範例）

侵害財產權（毀損）事件聲請調解書（範例）

侵害財產權（施工鄰損）事件聲請調解書（範例）

侵害著作權事件聲請調解書（範例）

🔍 調解實務小百科

　　侵權行為衍生的糾紛可說是「包山包海」啊！只要不是基於契約關係衍生的糾紛，幾乎都可歸納在侵權行為這一類。例如車禍致人死傷，侵害的是生命權及身體權；房屋漏水衍生的糾紛雖然是歸屬於「相鄰關係」事件，但本質上是侵害財產權；去餐廳消費而吃到不乾淨的海鮮，導致消費者上吐下瀉，是侵害健康權……。

　　因此本單元提供的侵權行為事件聲請調解書表範例，就是將未能歸納在上述各類糾紛以外，把調解會曾經受理並經調解成立的案件，整理成範例以便提供讀者參考利用。

侵權行為事件聲請調解書

聲請調解書（筆錄）		收件日期：		年　月　日　時　分				
		收件編號：		案號：　年　調字第　　號				
稱　謂	姓　　名（或名稱）	性別	出生日期	國民身分證統一編號	職業	住　所　或　居　所（事務所或營業所）		連絡電話
聲　請　人								
對　造　人								

上當事人間 **侵權行為** 事件聲請調解，事件概要如下：

一、發生時間：

二、發生地點：

三、原因及經過：（請敘明具體事實）

四、權益損害情形：

補充說明：

請貴會惠予協助調解，解決紛爭。

（本件現正在　　　　　地方法院檢察署偵查審理中，案號如右：　　　　　　　　　　）

證 物 名 稱 及 件 數	
聲 請 調 查 證 據	

此致　　　　市　　　　　區 調解委員會

中華民國　　年　　月　　日

　　　　　　　　　　　　　　　　　　聲請人：　　　　（簽名或蓋章）

上筆錄經當場向聲請人朗讀或交付閱覽，聲請人認為無異。

　　　　　　　　　　　　　　　　　筆錄人：　　　　（簽名或蓋章）
　　　　　　　　　　　　　　　　　聲請人：　　　　（簽名或蓋章）

附註：1. 提出聲請調解書時，應按對造人提出繕本。
　　　2. 當事人如有「法定代理人」或「委任代理人」應於「稱謂」一欄下記明之；如兼有兩者，均應記明。
　　　3. 聲請人或對造人為無行為能力或限制行為能力者，應記明其法定代理人。
　　　4.「事件概要」部分應摘要記明兩造爭議情形，如該調解事件在法院審理或檢察署偵查中〈該事件如已經第一審法院辯論終結者，不得聲請調解〉，並應將其案號及最近情形一一記明。
　　　5. 聲請人如聲請調查證據，應將證物之名稱、證人之姓名及住居所等記明於「聲請調查證據」一欄。
　　　6. 聲請人自行提出聲請調解書時，請將標題之「筆錄」二字及末欄刪除。

侵害身體權（打人成傷）事件
聲請調解書（範例）

事件概要：

　　李四在KTV店門前，因看張三不順眼而發生爭執拉扯，李四動手毆打張三成傷。

聲請調解書（筆錄）		收件日期：			年　月　日　時　分			
		收件編號：		案號：	年　調字第　號			
稱　謂	姓　名〈或名稱〉	性別	出生日期	國民身分證統一編號	職業	住所或居所（事務所或營業所）		連絡電話
聲請人	張　三	男	**.*.*	A1********		○市○區○路○號		請填寫
對造人	李　四	男				○市○區○街○號		請填寫

上當事人間 **侵權行為** 事件聲請調解，事件概要如下：

一、發生時間：○ 年 ○ 月 ○ 日 午 ○ 時 ○ 分許

二、發生地點：　市　　區 ○ 路 ○ 號（即○○KTV店門前）

三、原因及經過：

　　對造人於上開時間、地點，因細故與聲請人發生爭執及相互拉扯，進而毆打聲請人。

四、權益損害情形：

　　聲請人臉部、手部均有受傷。

補充說明：**對造人應向聲請人道歉並賠償，否則將提出刑事傷害告訴。**

請貴會惠予協助調解，解決紛爭。

（本件現正在 　　　　地方法院檢察署偵查審理中，案號如右：　　　　　　　）	
證物名稱及件數	驗傷單影本1份
聲請調查證據	

　此致　　　　市　　　　區調解委員會

中華民國 ○ 年 ○ 月 ○ 日

　　　　　　　　　　　　　　聲請人：張　三　　（簽名或蓋章）

上筆錄經當場向聲請人朗讀或交付閱覽，聲請人認為無異。

　　　　　　筆錄人：　　　　　　　　　（簽名或蓋章）
　　　　　　聲請人：　　　　　　　　　（簽名或蓋章）

附註：（略）

侵害身體權（外牆磁磚掉落傷人）事件
聲請調解書（範例）

事件概要：

　　某日張三走在人行道時，不幸被社區大樓外牆掉落的磁磚砸傷。

聲請調解書（筆錄）			收件日期：		年　月　日　時　分			
			收件編號：		案號： 年　調字第　號			
稱　謂	姓　名 （或名稱）	性別	出生日期	國民身分證 統一編號	職業	住所或居所 （事務所或營業所）		連絡電話
聲請人	張三	男	**.*.*	A1********		○市○區○路○號		請填寫
對造人	○○社區管理 委員會 主委：李四	男				○市○區○路○號		請填寫

上當事人間 **侵權行為** 事件聲請調解，事件概要如下：

一、發生時間：○年○月○日　午○時○分許

二、發生地點：　市　　區 ○ 路 ○ 號前人行道（即對造人社區大樓前）

三、原因及經過：

　　聲請人於上開時、地，遭對造人維管之社區大樓外牆掉落的磁磚砸傷。

四、權益損害情形：

　　聲請人頭部撕裂傷。

補充說明：

請貴會惠予協助調解，解決紛爭。

（本件現正在　　　　地方法院檢察署偵查審理中，案號如右：　　　　　　　　）	
證物名稱及件數	**診斷證明書影本 1 份、照片○張**
聲請調查證據	

此致　　　　　市　　　　區調解委員會

中華民國 ○ 年 ○ 月 ○ 日

　　　　　　　　　　　　　　　　　　　　聲請人：張 三　　　（簽名或蓋章）

上筆錄經當場向聲請人朗讀或交付閱覽，聲請人認為無異。

　　　　　　　筆錄人：　　　　　　　　　　（簽名或蓋章）
　　　　　　　聲請人：　　　　　　　　　　（簽名或蓋章）

附註：（略）

侵害身體權、健康權（醫療糾紛）事件
聲請調解書（範例）

事件概要：

　　張三在李四開設的醫美診所進行○○手術（療程），因（請敘明具體情形）……，造成（請敘明權益損害情形）……。

聲請調解書（筆錄）			收件日期：		年　月　日　時　分			
			收件編號：		案號：　年　調字第　號			
稱　謂	姓　名（或名稱）	性別	出生日期	國民身分證統一編號	職業	住所或居所（事務所或營業所）	連絡電話	
聲請人	張三	男	**.*.*	A1********		○市○區○街○號	請填寫	
對造人	李四（即○○診所）	男				○市○區○路○號	請填寫	

上當事人間 **侵權行為** 事件聲請調解，事件概要如下：

一、時間：

二、地點：　　市　　區 ○ 路 ○ 號（即○○醫美診所）

三、原因及經過：

　　聲請人於民國（下同）○年○月至○月期間至對造人經營之○○診所進行○○手術（療程），因（請敘明具體事實）……。

四、權益損害情形：

　　（請敘明權益受損情形）

補充說明：

請貴會惠予協助調解，解決紛爭。

（本件現正在　　　　　地方法院檢察署偵查審理中，案號如右：　　　　　　　）	
證物名稱及件數	
聲請調查證據	

此致　　　　市　　　　區調解委員會

中華民國 ○ 年 ○ 月 ○ 日

聲請人：張三　　　　（簽名或蓋章）

上筆錄經當場向聲請人朗讀或交付閱覽，聲請人認為無異。

筆錄人：　　　　　　　　　　（簽名或蓋章）

聲請人：　　　　　　　　　　（簽名或蓋章）

附註：（略）

侵害人格權（妨害名譽、公然侮辱）事件
聲請調解書（範例）

事件概要：

　　張三與李四在捷運站出口因細故發生爭執，李四對張三口出惡言，張三不堪受辱，要求李四道歉及精神賠償。

聲請調解書（筆錄）	收件日期：		年　月　日　時　分					
	收件編號：		案號：　年　調字第　號					
稱　謂	姓　名（或名稱）	性別	出生日期	國民身分證統一編號	職業	住所或居所（事務所或營業所）	連絡電話	
聲請人	張　三	男	**.*.*	A1********		○市○區○路○號	請填寫	
對造人	李　四	男				○市○區○街○號	請填寫	

上當事人間 **侵權行為** 事件聲請調解，事件概要如下：

一、發生時間：○年○月○日午○時○分許

二、發生地點：　市　　區○路（即○○捷運站○號出口）

三、原因及經過：

　　聲請人於上開時間、地點與對造人發生碰撞推擠，大庭廣眾之下遭對造人出言辱罵。

四、權益損害情形：

　　對造人之行為已對聲請人的名譽造成侵害。

補充說明：聲請人要求對造人道歉及賠償，否則將提出公然侮辱之刑事告訴。

請貴會惠予協助調解，解決紛爭。

（本件現正在　　地方法院檢察署偵查審理中，案號如右：　　　　　　　　　）		
證物名稱及件數	**手機側錄影音檔備份**	
聲請調查證據		

此致　　　市　　　區調解委員會

中華民國　○　年　○　月　○　日

聲請人：張三　　　（簽名或蓋章）

上筆錄經當場向聲請人朗讀或交付閱覽，聲請人認為無異。	
筆錄人：	（簽名或蓋章）
聲請人：	（簽名或蓋章）

附註：（略）

侵害人格權（妨害名譽、誹謗）事件聲請調解書（範例）

事件概要：

　　李四在網路社群網站上公開留言指稱張三在外招搖撞騙，張三認為李四說法毫無事實根據，卻信口雌黃，涉嫌誹謗。

聲請調解書（筆錄）		收件日期：		年　月　日　時　　分			
		收件編號：		案號：　年　調字第　　號			
稱　謂	姓　名（或名稱）	性別	出生日期	國民身分證統一編號	職業	住　所　或　居　所（事務所或營業所）	連絡電話
聲請人	張　三	男	**.*.*	A1********		○市○區○路○號	請填寫
對造人	李　四	男				○市○區○街○號	請填寫

上當事人間 **侵權行為** 事件聲請調解，事件概要如下：

一、發生時間：○ 年 ○ 月 ○ 日 ○ 時 ○ 分許

二、發生地點：○○社群網站（網址：　　　　　　　　　　　　　　　　　）

三、原因及經過：

　　聲請人於上開時間、地點發現對造人在○○社群網站上公開留言指稱聲請人在外招搖撞騙，認為對造人說法毫無事實根據，已涉嫌誹謗。

四、權益損害情形：

　　對造人之行為已對聲請人的名譽造成侵害。

補充說明：聲請人要求對造人公開道歉及賠償，否則將提出加重誹謗之刑事告訴。

請貴會惠予協助調解，解決紛爭。

（本件現正在　　　　地方法院檢察署偵查審理中，案號如右：　　　　　　　）	
證物名稱及件數	網頁截圖、翻拍網頁照片○張
聲 請 調 查 證 據	

　此致　　　　　市　　　　　區調解委員會

中華民國 ○ 年 ○ 月 ○ 日

　　　　　　　　　　　　　　　　　聲請人：張　三　　　（簽名或蓋章）

上筆錄經當場向聲請人朗讀或交付閱覽，聲請人認為無異。

　　　　　　　筆錄人：　　　　　　　　　　　（簽名或蓋章）
　　　　　　　聲請人：　　　　　　　　　　　（簽名或蓋章）

附註：（略）

侵害財產權（毀損）事件聲請調解書（範例）

事件概要：

　　張三與李四雖是鄰居，但雙方經常為了搶占住處前的停車位而發生爭執。某日李四趁夜晚四下無人之際，將張三停放在住家門前的汽車輪胎刺破並刮傷車門，卻被張三裝設的監視器拍到破壞車輛的畫面。

聲請調解書（筆錄）		收件日期：		年　月　日　時　分				
		收件編號：		案號：　年　調字第　號				
稱　謂	姓　名（或名稱）	性別	出生日期	國民身分證統一編號	職業	住所或居所（事務所或營業所）	連絡電話
聲請人	張三	男	**.*.*	A1********		○市○區○路○號1樓	請填寫
對造人	李四	男				○市○區○路○之1號1樓	請填寫

上當事人間 **侵權行為** 事件聲請調解，事件概要如下：

一、發生時間：○ 年 ○ 月 ○ 日 ○ 時 ○ 分許

二、發生地點：　市　　區○路○號1樓前

三、原因及經過：

　　聲請人所有車號：**-****之自小客車於上開時間、地點，遭對造人利用疑似螺絲起子的工具剌破4個輪胎，並將車門刮傷。

四、權益損害情形：

　　聲請人車輛受到毀損。

補充說明：**對造人應賠償聲請人一切損害，否則將提出毀損之刑事告訴。**

請貴會惠予協助調解，解決紛爭。

（本件現正在　　　地方法院檢察署偵查審理中，案號如右：　　　　　　　　　）	
證物名稱及件數	監視器影像備份、行車執照、修車單據各1份、照片○張
聲請調查證據	

此致　　　市　　　區調解委員會

中華民國 ○ 年 ○ 月 ○ 日

　　　　　　　　　　　　　　　　聲請人：張三　　　（簽名或蓋章）

上筆錄經當場向聲請人朗讀或交付閱覽，聲請人認為無異。
筆錄人：　　　　　　　　　　（簽名或蓋章）　　　　　　　聲請人：　　　　　　　　　　（簽名或蓋章）

附註：（略）

侵害財產權（施工鄰損）事件
聲請調解書（範例）

事件概要：

　　張三所有座落於○市○區○街○號2樓之房屋，某日因李四於同址門號3樓僱工進行室內裝修，因工人王五施工不慎，造成張三房屋的天花板、牆壁多處龜裂等損害。

聲請調解書（筆錄）	收件日期：	年　月　日　時　分
	收件編號：	案號：　年　調字第　號

稱　謂	姓　名 （或名稱）	性別	出生日期	國民身分證 統一編號	職業	住　所　或　居　所 （事務所或營業所）	連絡電話
聲請人	張　三	男	**.*.*	A1********		○市○區○街○號2樓	請填寫
對造人	李　四 王　五 （即○○工程行）	男 男				○市○區○街○號 ○市○區○路○號	請填寫

上當事人間 **侵權行為** 事件聲請調解，事件概要如下：

一、發生時間：○　年　○　月　○　日　午　○　時　○　分許

二、發生地點：　市　　區○路○號2樓

三、原因及經過：

聲請人所有座落於○市○區○街○號2樓之房屋，因對造人李四於同址門號3樓僱工進行室內裝修工程，對造人王五施工不慎，造成聲請人上開房屋受有損害。

四、權益損害情形：

聲請人房屋天花板、牆壁多處龜裂。

補充說明：對造人李四、王五應將聲請人受損的房屋回復原狀並負連帶損害賠償的責任。

請貴會惠予協助調解，解決紛爭。

（本件現正在　　　地方法院檢察署偵查審理中，案號如右：　　　　　）	
證物名稱及件數	照片○張、維修估價單
聲請調查證據	

此致　　　　市　　　　區調解委員會

中華民國　○　年　○　月　○　日

聲請人：張　三　　　（簽名或蓋章）

上筆錄經當場向聲請人朗讀或交付閱覽，聲請人認為無異。
筆錄人：　　　　　　　　（簽名或蓋章）
聲請人：　　　　　　　　（簽名或蓋章）

附註：（略）

侵害著作權事件聲請調解書（範例）

事件概要：

　　張三在網路上發現李四在未經同意下，將其個人創作轉貼在李四登錄之社群網站上，張三認為李四已侵害其著作權。

聲請調解書（筆錄）			收件日期：		年　月　日　時　分			
			收件編號：		案號：　年　調字第　號			
稱　謂	姓　名（或名稱）	性別	出生日期	國民身分證統一編號	職業	住所或居所（事務所或營業所）		連絡電話
聲請人	張 三	男	**.*.*	A1********		○市○區○街○號		請填寫
對造人	李 四	男				○市○區○路○號		請填寫

上當事人間 **侵權行為** 事件聲請調解，事件概要如下：

一、發生時間：○年○月○日午○時○分許

二、發生地點：○○社群網站（網址：　　　　　　　　　　　　　　）

三、原因及經過：

　　聲請人於上開時間、地點發現對造人在其登錄之社群網站上，未經聲請人的同意盜用聲請人創作（拍攝）之文章（照片）○篇（張），聲請人要求對造人刪除，惟對造人置之不理。

四、權益損害情形：

　　侵害聲請人之著作權。

補充說明：對造人應立即將文章（照片）刪除，且必須在社群網站公開道歉及對聲請人負損害賠償的責任。

請貴會惠予協助調解，解決紛爭。

（本件現正在　　　地方法院檢察署偵查審理中，案號如右：　　　　　　　）

證物名稱及件數	網頁截圖、翻拍網頁照片○張
聲請調查證據	

此致　　　市　　　區調解委員會

中華民國　○　年　○　月　○　日

　　　　　　　　　　　　　　　　聲請人：張 三　　（簽名或蓋章）

上筆錄經當場向聲請人朗讀或交付閱覽，聲請人認為無異。

　　　　　　　　筆錄人：　　　　　　　　（簽名或蓋章）
　　　　　　　　聲請人：　　　　　　　　（簽名或蓋章）

附註：（略）

十、親屬間爭議事件聲請調解書及相關書表範例

🔍 調解實務小百科 ∙∙∙

　　親屬間基於一定法律關係而衍生的糾紛種類亦不在少數，但說實在的，調解會在處理親屬間的糾紛個案，調解成立的機率並不高。誠所謂「家家有本難唸的經，人人有筆難算的帳」，試想一下，調解雙方都是自己的家人，那些關起門來都談不攏的事情，到了調解會場，靠著一個「外人」，也就是調解委員的居間協調下，就能調得出一個結果來嗎？調解成立的機率會高嗎？

　　調解看人性，不論世事糾紛如何多變，不變的卻只有人性，但人性卻又不是一成不變的。誰說聲請調解後，一定要調解到成立不可？調解會要創造的是「被利用的價值」，縱使調解會在親屬間衍生的法律糾紛比較是不上力，調解成立機率也不高，但提供同為親屬的當事人雙方一個較不傷和氣

的調解平臺，總比親人反目而對簿公堂要來得好吧！

　　法蘭客從實務上觀察，親屬間因法律關係衍生的糾紛之所以選擇到調解會調解的原因，未必是對調解會寄予促成調解的厚望而來，聲請調解的目的，往往是想先試探一下對方的態度（看對方是否有出席調解的意願），也想了解對方對問題本身有什麼看法（看對方提出什麼樣的調解條件）。能在調解會成立調解，固然最好，調解不成也沒關係，至少彼此「先禮後兵」，他日兩造不得已而「對簿公堂」，也就不能苛責太過了。

　　附帶一提，本單元雖有提供〔離婚協議書〕的範例及說明，**但調解會是不受理離婚事件的調解，請讀者留意。**

玖、常用各式聲請調解書及相關書表範例

請求給付生活費（父母VS.子女）事件
聲請調解書（範例）

事件概要：

　　李家父母生有李四、李五、李六等3人，現李四等3人均已成年，然為人子女，卻對父母生活起居不聞不問，因父母年事已高且無謀生能力，全靠親友接濟度日，故請求李四等3人應依法負起扶養義務，按月提供必要之生活費用。

聲請調解書（筆錄）			收件日期：		年 月 日 時 分		
			收件編號：	案號：	年 調字第 號		
稱 謂	姓 名 （或名稱）	性別	出生日期	國民身分證 統 一 編 號	職業	住 所 或 居 所 （事務所或營業所）	連絡電話
聲請人	李 父 李 母	男 女	**.**.* **.**.*	A1******** B2********		○市○區○街○號2樓	請填寫
對造人	李 四 李 五 李 六	男 男 女				○市○區○街○號 ○市○區○路○號 同上	請填寫

上當事人間 **請求給付生活費** 事件聲請調解，事件概要如下：

聲請人李父、李母係對造人李四、李五、李六等3人（下稱對造人李四等3人）
之父母，因聲請人李父、李母年事已高且均無謀生能力，對造人李四等3人均未
適時提供渠等必要之生活費用，為人子女卻對父母不聞不問，致聲請人李父、李
母經濟陷入困境，全靠親友接濟度日，爰依法請求對造人李四等3人應負起聲請
人李父、李母之扶養義務，按月提供渠等必要之生活費用，請貴會惠予協助調解，
解決紛爭。

（本件現正在	地方法院檢察署偵查審理中，案號如右： ）
證 物 名 稱 及 件 數	
聲 請 調 查 證 據	

此致 市 區調解委員會

中華民國 ○ 年 ○ 月 ○ 日

聲請人：**李父、張母** （簽名或蓋章）

上筆錄經當場向聲請人朗讀或交付閱覽，聲請人認為無異。

筆錄人： （簽名或蓋章）
聲請人： （簽名或蓋章）

附註：（略）

請求分擔扶養費（子女VS.子女）事件
聲請調解書（範例）

事件概要：

　　李四係李五、李六兩人之兄長，茲因父母年事已高且無謀生能力，二老日常生活所需，全靠李四一人獨力負擔照料，惟李五、李六卻對父母生活起居不聞不問，故請求李五、李六亦應分擔父母之扶養義務，按月提供必要之生活費用。

聲請調解書（筆錄）			收件日期：		年　月　日　時　分				
			收件編號：		案號：　年　調字第　號				
稱　謂	姓　名（或名稱）	性別	出生日期	國民身分證統一編號	職業	住　所　或　居　所（事務所或營業所）		連絡電話	
聲請人	李四	男	**.*.*	A1*******		○市○區○街○號2樓		請填寫	
對造人	李　五　李　六	男　女				○市○區○街○號　○市○區○路○號		請填寫	

上當事人間 **請求分擔扶養費** 事件聲請調解，事件概要如下：

聲請人係對造人李五、李六之胞兄，因聲請人與對造人李五、李六之父母年事已高且均無謀生能力，對造人李五、李六卻從未提供父母必要之生活費用，全靠聲請人獨力負擔照顧二老之生活起居，爰依法請求對造人李五、李六應負起扶養義務，共同分擔父母必要之生活費用，請貴會惠予協助調解，解決紛爭。

（本件現正在 地方法院檢察署偵查審理中，案號如右： ）	
證物名稱及件數	
聲請調查證據	

　此致　　　　市　　　　區調解委員會

中華民國　○　年　○　月　○　日

聲請人：李四　　　（簽名或蓋章）

上筆錄經當場向聲請人朗讀或交付閱覽，聲請人認為無異。

筆錄人：　　　　　　　　　（簽名或蓋章）
聲請人：　　　　　　　　　（簽名或蓋章）

附註：（略）

請求未成年子女扶養費（生活費、教育費）事件聲請調解書（範例）

事件概要：

　　李女與王男離婚後，雙方所生之未成年子女王小○權利義務之行使及負擔約定由李女單獨任之，惟王男仍應按月給付王小○扶養費（生活費、教育費）至其成年為止。因王男積欠扶養費（生活費、教育費）尚未給付，李女希望王男應儘速清償所欠之扶養費（生活費、教育費）。

聲請調解書（筆錄）			收件日期：		年　月　日　時　分			
			收件編號：		案號：　年　調字第　　號			
稱　謂	姓　名（或名稱）	性別	出生日期	國民身分證統一編號	職業	住所或居所（事務所或營業所）	連絡電話	
聲請人	李女	女	**.*.*	A1********		○市○區○街○號	請填寫	
對造人	王男	男				○市○區○路○號	請填寫	

上當事人間 **請求未成年子女扶養費** 事件聲請調解，事件概要如下：

聲請人與對造人原係夫妻，民國（下同）○年○月○日離婚，雙方就所生未成年子女王小○（男，○年○月○日生，身分證號：A1********）權利義務之行使及負擔約定由聲請人單獨任之，惟對造人仍應依離婚協議書之約定，按月給付王小○扶養費（生活費、教育費）新臺幣（下同）○元至其成年為止，並將款項按月匯入聲請人指定之帳戶。

茲對造人迄今已積欠扶養費（生活費、教育費）○元尚未給付，考量避免對王小○之利益造成不良影響，對造人應儘速清償所欠之扶養費（生活費、教育費），請貴會惠予協助調解，解決紛爭。

（本件現正在　　　　地方法院檢察署偵查審理中，案號如右：　　　　　　　　　）

證物名稱及件數	**離婚協議書影本1份、未成年子女王小○戶籍謄本1份**
聲請調查證據	

此致　　　　市　　　　區調解委員會

中華民國　○　年　○　月　○　日

聲請人：李女　　　　（簽名或蓋章）

上筆錄經當場向聲請人朗讀或交付閱覽，聲請人認為無異。

筆錄人：　　　　　　　　　（簽名或蓋章）

聲請人：　　　　　　　　　（簽名或蓋章）

附註：（略）

請求協商未成年子女探視方式事件
聲請調解書（範例）

事件概要：

　　李男與王女離婚後，雙方所生之未成年子女李小○權利義務之行使及負擔約定由王女單獨任之，惟李男仍有探視李小○之權利，因王女常藉故不讓李男探視李小○，希望能透過調解程序與王女協商探視的方式。

聲請調解書（筆錄）			收件日期：		年　月　日　時　　分			
			收件編號：		案號：　年　調字第　　號			
稱　謂	姓　名 （或名稱）	性別	出生日期	國民身分證 統一編號	職業	住所或居所 （事務所或營業所）		連絡電話
聲請人	李男	男	**.*.*	A1********		○市○區○街○號		請填寫
對造人	王女	女				○市○區○路○號		請填寫

上當事人間 **請求協商未成年子女探視方式** 事件聲請調解，事件概要如下：

聲請人與對造人原係夫妻，民國（下同）○年○月○日離婚，雙方就所生未成年子女李小○（女，○年○月○日生，身分證號：A2********）權利義務之行使及負擔約定由對造人單獨任之；惟聲請人仍有探視李小○之權利，合先敘明。

茲對造人因（請敘明具體事實，例如：小孩生病、要作功課、參加才藝班等），不讓聲請人前往探視，希望就李小○之探視方式與對造人進行協商，請貴會惠予協助調解，解決紛爭。

（本件現正在　　　地方法院檢察署偵查審理中，案號如右：　　　　　　　　　）	
證物名稱及件數	**離婚協議書影本 1 份**
聲請調查證據	

此致　　　　市　　　　區調解委員會

中華民國 ○ 年 ○ 月 ○ 日

　　　　　　　　　　　　　　聲請人：李 男　　　（簽名或蓋章）

上筆錄經當場向聲請人朗讀或交付閱覽，聲請人認為無異。

　　　　　　　　筆錄人：　　　　　　　　（簽名或蓋章）
　　　　　　　　聲請人：　　　　　　　　（簽名或蓋章）

附註：（略）

請求改定未成年子女權利義務之行使及負擔事件聲請調解書（範例）

事件概要：

　　李女與王男離婚後，雙方所生之未成年子女王小○權利義務之行使及負擔（俗稱監護權）約定由王男單獨任之，因王男目前身體健康欠佳且處於失業中，李女希望王男同意將其對王小○之權利義務改由李女來行使及負擔。

聲請調解書（筆錄）			收件日期：		年　月　日　時　分			
			收件編號：		案號：　年　調字第　號			
稱　謂	姓　名 （或名稱）	性別	出生日期	國民身分證 統一編號	職業	住所或居所 （事務所或營業所）		連絡電話
聲請人	李女	女	**.*.*	A1********		○市○區○街○號		請填寫
對造人	王男	男				○市○區○路○號		請填寫

上當事人間請求改定未成年子女權利義務之行使及負擔事件聲請調解，事件概要如下：

聲請人與對造人原係夫妻，民國（下同）○年○月○日離婚，雙方就所生未成年子女王小○（男，○年○月○日生，身分證號：A1********）權利義務之行使及負擔約定由對造人單獨任之，合先敘明。

因對造人身體健康現況欠佳且目前處於失業中，收入來源不穩定，考量避免對王小○之利益造成不良影響，希能對造人同意將其對王小○之權利義務改由聲請人行使及負擔，請貴會惠予協助調解，解決紛爭。

（本件現正在　　　　地方法院檢察署偵查審理中，案號如右：　　　　　　　　　）	
證物名稱及件數	離婚協議書影本1份
聲請調查證據	

此致　　　　市　　　　區調解委員會

中華民國 ○ 年 ○ 月 ○ 日

　　　　　　　　　　　　　　　　聲請人：李女　　　（簽名或蓋章）

上筆錄經當場向聲請人朗讀或交付閱覽，聲請人認為無異。

　　　　　　　　　　　　　筆錄人：　　　　　　　（簽名或蓋章）
　　　　　　　　　　　　　聲請人：　　　　　　　（簽名或蓋章）

附註：（略）

離婚協議書（範例）

立協議離婚書人如下：

男方姓名：

出生年月日：民國　　年　　月　　日生　　身分證號：

女方姓名：

出生年月日：民國　　年　　月　　日生　　身分證號：

茲男女雙方因個性不合，難偕白首，無法繼續共同生活，同意兩願離婚，並經雙方協議內容如下：

一、本協議書經男女雙方暨見證人簽章後，願共同至○○市○○區戶政事務所辦理離婚登記，嗣後男婚女嫁各不相干。

二、除本協議書所約定之事項外，雙方均同意拋棄民法第 1030 條之 1 夫妻財產賸餘分配請求權。

三、特約事項：略（請參閱範例說明）

四、本協議書壹式伍份，男女雙方及見證人各執乙份為憑，另一份呈戶政機關辦理離婚登記等手續。

男　方：　　　　　　　身分證號：
住　　址：

女　方：　　　　　　　身分證號：
住　　址：

見 證 人：　　　　　　身分證號：
住　　址：

見 證 人：　　　　　　身分證號：
住　　址：

中　華　民　國　　　年　　月　　日

離婚協議書範例說明

離婚協議書並沒有一定的格式，但抬頭一定要載明「離婚協議書」，這樣才能讓人望文生義，一看便知是何種文書。

再來，則是要表明男女雙方協議離婚乃係出於自由意志，是在你情我願之下所簽，所以通常都會以「個性不合、理念不合，難偕白首……」等文字說明離婚的原因。

接下來，離婚協議書中所要協議的實際約定內容，可能就會因人而異。也就是一般所謂的離婚條件。這些條件大多與夫妻財產及未成年子女的監護權義之行使負擔、探視方式等有關；有些可能還會涉及贍養費、扶養費或其他特定條件的約定，茲擇要說明如後，並列舉範例供參。

⚖️ **民法第1030條之1**

法定財產制關係消滅時，夫或妻現存之婚後財產，扣除婚姻關係存續所負債務後，如有剩餘，其雙方剩餘財產之差額，應平均分配。但下列財產不在此限：

一、因繼承或其他無償取得之財產。

二、慰撫金。

依前項規定，平均分配顯失公平者，法院得調整或免除其分配額。

第一項剩餘財產差額之分配請求權，自請求權人知有剩餘財產之差額時起，二年間不行使而消滅。自

法定財產制關係消滅時起，逾五年者，亦同。

本條文是有關「夫妻財產賸餘分配請求權」的約定，一般夫妻不會在兩願離婚的場合主張這樣的權利，因為計算起來較為複雜，所以通常都會在離婚協議書中，另就夫妻財產事項以特約條款的方式取代。茲舉例說明如下：

【夫妻財產、生活費及贍養費等約定事項】

例1：男方所有坐落於○市○路○段○號之房地歸男方所有。該房地之銀行貸款本金○元及其利息等均由男方負擔。

例2：男方同意自○年○月起按每月○日，每期給付女方生活費○元整，至女方再婚為止；男方應將款項匯入女方指定之○○銀行○○分行，帳號：＊＊＊－＊＊＊－＊＊＊，戶名為○○○之帳戶；若一期不付，應加計懲罰性利息百分之○。

例3：男方同意給付女方贍養費○元整，並由男方交付○○銀行○○分行付款所簽發，票載發票日為○年○月○日，票額○元，○○銀行○○分行付款，票號：AB－＊＊＊＊之支票乙紙，當場交付女方收執，不另製據。

關於未成年子女權利義務之行使負擔、扶養及探視的約定，筆者也舉以下幾個例子說明：

【未成年子女權義之行使負擔、扶養及探視方式等約定事項】

例1：雙方所生之子（女）（男，○年○月○日生，身分證統編：A1********）權利義務之行使負擔由女方任之。

男方同意按月支付女方扶養子女所需費用每月新臺幣（下同）○元整，至子女成年時（即○年○月○日）為止（共計○元整）。

自○年○月起，男方應於每月○日前將款項匯入女方指定之○○銀行○○分行，帳號：＊＊＊－＊＊＊－＊＊＊，戶名為○○○之帳戶；如有一期不付，未到期之部分，視為全部到期，男方應一次付清所有子女扶養費。

例2：男方得依下列方式與子女會面交往（探視之約定）：

（1）男方得於每月第1及第3星期的星期○下午8時至8時30分，至女方住處或雙方約訂之場所與子女會面交往，並得接子女外出，於翌日下午8時前送回女方住處。

（2）逢寒、暑假期間（依學校公布之期間為準），自學校假期開始之日起至第○日止（共計○天），男方得於該期間內將子女得接回男方住處生活。

民法第1050條

兩願離婚，應以書面為之，有二人以上證人之簽名並應向戶政機關為離婚之登記。

離婚協議書除了男女雙方要簽名外，還需要兩位證人簽名，證人可以是親朋好友，也可以是男女雙方的父母或已成年的子女，只要滿20歲而有完全行為能力的人，知道是為了證明男女雙方有離婚的真意而簽名即可。如果不好意思開口請親友簽名，也可以付費請律師代擬離婚協議書，但還是要有兩位證人簽名證明。

最後則是在離婚協議書上記明日期。離婚協議書上的日期和到戶政事務所辦理離婚登記的日期未必要在同一天，雙方可在談好條件並或履行離婚協議書上所記載的內容後，擇期再親自到戶所辦理（辦理離婚登記，不能委託他人代理）。

祝大家婚姻幸福美滿，夫妻永結同心，白頭到老。

十一、繼承爭議事件聲請調解書 及相關書表範例

遺產分割（兄弟姐妹VS.兄弟姐妹）事件聲請調解書（範例）

遺產分割（配偶VS.前配偶所生子女）事件聲請調解書（範例）

繼承系統表（範例）

🔍 調解實務小百科 ·····························

　　繼承爭議事件，是法定繼承人間基於被繼承人身後的遺產而衍生的糾紛，這類糾紛和前一單元有關親屬間基於一定法律關係衍生的糾紛，一樣都屬於調解成立機率不高的糾紛類型。還是老話一句：「家家有本難唸的經，人人有筆難算的帳。」

　　法蘭客從實務上觀察，涉及遺產糾紛的事件，如果雙方都有到場調解，有時雙方爭執的場面非常激烈，比起其他類型的糾紛吵得還要兇！調解委員根本愛莫能助、使不上力。

　　試想被繼承人身後如果不是留下為數可觀的遺產，而是一屁股債務時，所有的法定繼承人怕是辦理拋棄繼承都來不急了，兄弟姐妹間還會為了遺產分配不均而連手足之情都不顧了嗎？或許這就是人性使然吧！

有糾紛？找調解會！

遺產分割（兄弟姐妹VS.兄弟姐妹）事件
聲請調解書（範例）

事件概要：

　　李四、李五、李六、李七等4人均係父親李○○與母親張○○（已歿）所生。數月前，李四等4人的父親李○○因病去世，身後留有龐大遺產，4人對於父親遺產要如何分配，各有不同意見。

238

聲請調解書（筆錄）			收件日期：	年　　月　　日　　時　　分			
			收件編號：	案號：　　年　　調字第　　　號			
稱　謂	姓　　　名 （或名稱）	性別	出生日期	國民身分證 統一編號	職業	住　所　或　居　所 （事務所或營業所）	連絡電話
聲請人	李　四	男	**.*.*	A2********		○市○區○街○號	請填寫
對造人	李　四 李　五 李　六	男 男 女				○市○區○路○號 同上 同上	請填寫

上當事人間 **請求分割遺產** 事件聲請調解，事件概要如下：

聲請人與對造人李四、李五、李六之父親李○○（男，出生日期：民國○年○月○日，身分證統編：A1********）於民國（下同）○年○月○日逝世，身後留有○筆不動產及銀行存款、股票等有價證券。

聲請人與對造人李四、李五、李六均為李○○（即被繼承人）所生之子女，亦均為李○○之法定繼承人，因雙方對於父親之遺產分配尚有爭議，請貴會惠予協助調解，解決紛爭。

（本件現正在　　　　　地方法院檢察署偵查審理中，案號如右：　　　　　　　　　）

證物名稱及件數	繼承系統表、遺產清冊
聲請調查證據	

此致　　　　　市　　　　區調解委員會

中華民國　○　年　○　月　○　日

聲請人：李　四　　　　（簽名或蓋章）

上筆錄經當場向聲請人朗讀或交付閱覽，聲請人認為無異。

筆錄人：　　　　　　　　（簽名或蓋章）

聲請人：　　　　　　　　（簽名或蓋章）

附註：（略）

遺產分割（配偶VS.前配偶所生子女）事件
聲請調解書（範例）

事件概要：

　　被繼承人李〇〇與前妻生有李四、李五、李六等3兄妹，後來再與張女結婚。數年後李〇〇因病去世，身後留有龐大遺產，有關李〇〇之遺產如何分配，張女與李家兄妹3人各有不同意見。

聲請調解書（筆錄）			收件日期：			年　　月　　日　　時　　分			
			收件編號：		案號：	年　　調字第　　號			
稱　謂	姓　　名 （或名稱）	性別	出生日期	國民身分證 統一編號	職業	住所或居所 （事務所或營業所）			連絡電話
聲請人	張　女	女	**.*.*	A2*******		○市○區○街○號			請填寫
對造人	李　四 李　五 李　六	男 男 女				○市○區○路○號 同上 同上			請填寫

上當事人間 **請求分割遺產** 事件聲請調解，事件概要如下：

聲請人之配偶李○○（男，出生日期：民國○年○月○日，身分證統編：A1*******）於民國（下同）○年○月○日逝世，身後留有○筆不動產及銀行存款、股票等有價證券。

對造人李四、李五、李六均為李○○（即被繼承人）與其前妻所生之子女，亦為李○○之法定繼承人，因雙方對於李○○之遺產分配尚有爭議，請貴會惠予協助調解，解決紛爭。

（本件現正在　　　　　地方法院檢察署偵查審理中，案號如右：　　　　　　　　　　　　　　）	
證物名稱及件數	**繼承系統表、遺產清冊**
聲請調查證據	

此致　　　　　市　　　　區調解委員會
中華民國　○　年　○　月　○　日
　　　　　　　　　　　　　　　　聲請人：張　女　　　（簽名或蓋章）

上筆錄經當場向聲請人朗讀或交付閱覽，聲請人認為無異。
　　　　　　　　　　筆錄人：　　　　　　　　　（簽名或蓋章）
　　　　　　　　　　聲請人：　　　　　　　　　（簽名或蓋章）

附註：（略）

有糾紛？找調解會！

242

繼承系統表（範例）

被繼承人 **張○○** 繼承系統表

依照民法第 1138、1139、1140 條規定 被繼承人 **張○○**

繼承系統表列明如下：

	（稱謂）註：請表明與被繼承人之關係
	配偶：李○○（○年○月○日 生）繼承人 　　　身分證號：A2********
	長子：李○○（○年○月○日 生）繼承人 　　　身分證號：A1********
（○年○月○日 生） **被繼承人：張○○** **身分證號：A2********** （○年○月○日 殁）	次子：李○○（○年○月○日 生）繼承人 　　　身分證號：B1********
	長女：李○○（○年○月○日 生）繼承人 　　　身分證號：A2********
	次女：李○○（○年○月○日 生）繼承人 　　　身分證號：A2********
	三女：李○○（○年○月○日 生）繼承人 　　　身分證號：A2********

上記繼承系統表記載事項確實無誤，如有遺漏或錯誤致他人受損害者，申請人願負法律責任。

中 華 民 國 ○ 年 ○ 月 ○ 日

拾

調解會其他常用相關書表
範例及適用時機

一、委任書（範例）及填寫須知

第六號用紙

委 任 書（範例）						○ 年 民 調 字 第 ○ 號	
稱謂	姓名（或名稱）	性別	出生日期	國民身分證統一編號	職業	住 所 或 居 所（事務所或營業所）	連絡電話
委任人	張 三	男	**.*.*	A1*******		○市○區○路○號	請填寫
受任人	李 四	女	**.*.*	A2*******		○市○區○街○號	請填寫

茲因與　王 五　間　**車禍損害賠償**　調解事件，

委任　李 四　為代理人，有代理為一切調解行為之權，並有同意調解條件、撤回、捨棄、領取所爭物或選任代理人等特別代理權。

　此　致

　○ 市 ○ 區調解委員會

委任人：　張 三　印（簽名或蓋章）

（委任人以簽名方式為委任者，請親自簽名，受任人勿代為簽名）

受任人：　李 四　印（簽名或蓋章）

中華民國　○　年　○　月　○　日

委任書填寫須知

一、調解當事人（即委任人）如果不能親自出席調解會
　　議時，應填寫委任書委任代理人（即受任人）出席
　　調解。

二、受任人為自然人時，原則上應滿20歲，且為有完全
　　行為能力之成年人。

三、受任人代理委任人出席調解時，未出具委任書並送
　　交調解委員會者，得由調解委員會協調雙方與會者
　　同意後，進行調解，委任書則應於調解會議結束
　　後，儘速補送調解委員會。

四、受任人代理委任人出席調解時，除出具委任書外，
　　並應出示身分證明文件（身分證、健保卡或駕照
　　等），以供調解委員會查驗。

五、「稱謂」欄內的委任人與受任人等個人基本資料，
　　得不由本人自寫，但「委任人（簽名或蓋章）」欄
　　及「受任人（簽名或蓋章）」欄，應各由委任人與
　　受任人於其所屬欄位內親自簽名或蓋章。

六、調解當事人於同一年度就同一調解事件（以調解事
　　件案號為據），委任同一代理人出席調解2次以上
　　者，僅須出具1次委任書即可。

七、調解當事人有數人時，於同一年度就同一調解事件
　　（以調解事件案號為據），得共同出具一份委任
　　書，委任同一代理人出席調解。

有糾紛？找調解會！

246

八、調解當事人係未成年人而應由法定代理人出席者，
如果法定代理人為父母，而其中一人未能出席調解
時，未能出席調解之父或母應填寫本委任書，委任
得出席之父或母代理出席調解。如果父、母均未能
出席調解，則應填寫委任書共同委任代理人出席調
解。

因父、母離異或其他原因（例如認領、父母中一人
已歿），對未成年子女有權利義務行使及負擔之父
或母未能出席調解時，除委任書外，並應附具全戶
戶籍謄本乙份（個人記事欄位，不得省略註記）。

九、委任人為公司者，除加蓋公司印章外，法定代理人
（即公司負責人）亦須簽名或蓋章；受任人為公司
者，亦同。

十、公司為委任人或受任人時，「稱謂」欄應記明公司
統一編號與法定代理人之姓名；且「稱謂」欄必須
與「委任人（簽名或蓋章）」欄或「受任人（簽名
或蓋章）」欄記載的內容一致。

二、陳述意見書（範例）及適用時機

陳 述 意 見 書		案號： ○ 年 民 調 字 第 ○ 號		
姓　　　名	性別	地　　　　址		聯絡電話
張　三	男	○市○區○路○號		請填寫
上當事人為 **車禍損害賠償** 事件，陳述意見如下：				
本人……（請具體說明）				
此　致 　市　　　區調解委員會 中華民國 ○ 年 ○ 月 ○ 日 　　　　　　　　陳述意見人：張 三（簽名或蓋章）				

適用時機：

　　聲請人對於調解的事項，有需要補充說明或是對造人對於聲請調解書的內容有意見時，都可以利用〔陳述意見書〕來表達。

　　當事人因故（例如：出國、生病）不能出席原訂的調解會議又找不到其他人代理時，也可以透過〔陳述意見書〕敘明理由，請求調解會另訂調解期日或請求擇期再議。

三、撤回書（範例）及適用時機

撤　回　書（範例）

聲請人 張 三 與 李 四 間，因 車禍損害賠償 事件，
業經貴會受理調解聲請在案，茲因：

☑ 已自行和解　　　□ 願息事寧人

□ 對造人無意願出席調解　□ 已另提訴訟

□ 其他原因：

擬撤回調解之聲請。

　　　此　　致

○ 市 ○ 區調解委員會

中 華 民 國 ○ 年 ○ 月 ○ 日

　　　聲請人　張 三　　　　（簽名或蓋章）

適用時機：

　　調解期間，如果當事人已自行達成和解或聲請人已決定
另提刑事告訴或民事訴訟，或是基於其他原因而不需要召開
調解會議時，無論雙方有沒有開過調解會議，聲請人都可以
填寫〔撤回書〕後，送交調解會撤回調解。

四、發給調解不成證明聲請書（範例）及適用時機

```
┌─────────────────────────────────────────┐
│                                             │
│   發給調解不成立證明聲請書（範例）          │
│                                             │
│  聲請人    張 三    與    李 四    間       │
│                                             │
│  ○ 年 民 調 字 第 ○ 號 車禍損害賠償 事件，│
│                                             │
│  業經貴會調解不成立，謹聲請給與調解不成立之證明書。│
│                                             │
│                                             │
│      此 致                                  │
│  ○ 市 ○ 區調解委員會                        │
│                                             │
│  中 華 民 國 ○ 年 ○ 月 ○ 日                │
│                                             │
│      聲請人  張 三（簽名或蓋章）            │
│                                             │
└─────────────────────────────────────────┘
```

適用時機：

  通常是調解不成立而當事人打算另提訴訟時，為了向訴訟機關證明有經過鄉、鎮、市（區）公所調解會的調解程序，需要有〔調解不成立證明書〕用以佐證。故調解因當事人不到場或是雙方意見不一致，造成調解不成立時，任何一方的當事人都可以填寫〔發給調解不成立證明聲請書〕送交調解會後，由調解會發給〔調解不成立證明書〕。

有糾紛？找調解會！

250

五、刑事撤回告（自）訴狀（範例）及適用時機

> ## 刑事撤回告（自）訴狀（範例）
>
> 告訴人 張 三 前曾告訴被告 李 四 涉嫌 過失傷害 罪嫌，
>
> 由貴署（院）以○年度○字第 ○ 號案件偵查（審理）中，
>
> 因兩造已於 ○○ 市 ○○ 區調解委員會調解成立，茲同意
>
> 對被告撤回本件之刑事告（自）訴。
>
> 　　此　致
>
> 臺灣 ○○ 地方 檢察署（法院）
>
> 中 華 民 國 ○ 年 ○ 月 ○ 日
>
> 　　撤回告訴人　張 三　　　　　（簽名或蓋章）

適用時機：

　　調解事件涉及「告訴乃論」的刑事罪嫌部分，被害人在調解前已向警察機關或地方檢察署提出刑事告訴，案件現在偵查中或是涉嫌告訴乃論的刑事案件已經檢察官起訴，案件現在地方法院審理中，雙方因調解成立而告訴人同意撤回告訴時，告訴人（通常是被害人）可填寫〔刑事撤回告訴狀〕送交警察機關、檢察署或法院撤回告訴。

　　每個案件都會有個「案號」，不論是在偵查中撤回告訴或是在審理中撤回告訴，撤回告訴狀上都應把該案件的案號寫上，不然檢察署或法院可能無從判斷撤回告訴的案件是哪一件。

　　如果調解事件是由檢察署或法院以公函轉介調解會調解時，〔刑事撤回告訴狀〕也可交由調解會以公函回覆檢察署或法院，這樣當事人就不需要再親自跑一趟檢察署或法院了。

　　如果被害人才剛到警局提出刑事告訴並取得〔報案三聯單〕，但雙方當事人不久卻又到調解會成立調解的話，此時被害人可不必寫〔刑事撤回告訴狀〕，只要帶著調解會作成的調解筆錄直接到警局銷案（即撤回告訴）即可。

　　撤回告訴的效力，按《刑事訴訟法》第252條第5款規定檢察官在偵查中接到撤回告訴狀後，會依法對被告作成不起訴處分；同法第303條第3款則規定在第一審法院審理中撤回告訴時，則由法院作成不受理的判決。此外，同法第238條也規定告訴人一旦撤回告訴後，依法就不得再行告訴。

有糾紛？找調解會！

252

⚖️ 刑事訴訟法第252條

案件有左列情形之一者，應為不起訴之處分：

一、曾經判決確定者。

二、時效已完成者。

三、曾經大赦者。

四、犯罪後之法律已廢止其刑罰者。

五、告訴或請求乃論之罪，其告訴或請求已經撤回或已逾告訴期間者。

⚖️ 刑事訴訟法第303條

案件有下列情形之一者，應諭知不受理之判決：

一、起訴之程序違背規定者。

二、已經提起公訴或自訴之案件，在同一法院重行起訴者。

三、告訴或請求乃論之罪，未經告訴、請求或其告訴、請求經撤回或已逾告訴期間者。

四、曾為不起訴處分、撤回起訴或緩起訴期滿未經撤銷，而違背第二百六十條之規定再行起訴者。

五、被告死亡或為被告之法人已不存續者。

六、對於被告無審判權者。

七、依第八條之規定不得為審判者。

⚖️ **刑事訴訟法第238條**

　　告訴乃論之罪，告訴人於第一審辯論終結前，得撤回其告訴。

　　撤回告訴之人，不得再行告訴。

有糾紛？找調解會！

254

六、刑事陳報狀（範例）及適用時機

刑事陳報狀（範例）

告訴人 **張 三** 前曾告訴被告 **李 四** 涉嫌　**詐欺**　罪嫌，

由貴署（院）以○年度○字第 ○ 號案件偵查（審理）中，

因兩造已於 ○○ 市 ○○ 區調解委員會調解成立，茲同意

不再追究被告本件之刑事責任。

　　　此　　致

臺灣 ○○ 地方 檢察署（法院）

中 華 民 國 ○ 年 ○ 月 ○ 日

　　　撤回告訴人　**張 三**　　　　　（簽名或蓋章）

適用時機：

　　調解事件有關民事部分經調解會調解成立後，涉及「非
告訴乃論」的刑事罪嫌部分（也就是所謂的公訴罪），被害
人雖然無從撤回告訴，但可以填寫〔刑事陳報狀〕向檢察署
或法院表明「不再追究被告之刑事責任」的意旨，再送交檢
察署或法院，請承辦檢察官或法官審酌。

　　如果調解事件是由檢察署或法院以公函轉介調解會調解
時，〔刑事陳報狀〕也可交由調解會以公函回覆檢察署或法
院，當事人同樣也不需要再親自跑一趟檢察署或法院了。

七、刑事事件調解不成立移送偵查聲請書（範例）及適用時機

刑事事件調解不成立移送偵查聲請書（範例）

聲請人　　**張　三**　　與　　**李　四**　　間

　○　年民　調字第　○　號　**過失傷害**　事件，

業經貴會調解不成立，謹聲請移送該管地方法院檢察署。

　　　　此　致

　　○　市　○　區調解委員會

中華民國　○　年　○　月　○　日

　　　　　聲請人　張　三　　　　（簽名或蓋章）

適用時機：

　　請參閱【捌、告訴乃論的刑事案件調解不成立，又錯過了刑事告訴期間，被害人是不是還有其他救濟的途徑？】相關說明。

八、調解轉介單（範例）及適用時機

調解轉介單（範例）

稱謂	姓名	住　　址	電話
聲請人	張三	○市○區○路○號	請填寫
對造人	李四	○市○區○街○號	請填寫

上當事人間因　　**車禍損害賠償**　　事件，

業經兩造同意，爰轉介向貴調解委員會聲請調解。

　　此　致

○　市　○　區調解委員會

轉介單位或轉介人　○○市警察局○○分局○○派出所

中　華　民　國　○　年　○　月　○　日

適用時機：

　　當事人接到地方檢察署傳票通知開庭後，承辦檢察官通常在召開偵查庭時，多會曉諭當事人試行和解，也可在徵得雙方同意後，將案件以公函轉介到調解會調解，並隨函檢附〔調解轉介單〕以供調解會參辦。

　　此外，由於調解會也經常受理車禍事件的調解，因此派出所或警察局也會比照檢察官的做法，在處理交通事故時，於徵得車禍當事人的同意後，填寫〔調解轉介單〕代為轉介調解會調解，以期避免訟累。

九、和解書（範例）及適用時機

和解書（範例）

甲　方：

乙　方：

事實及經過：

和解內容：

就此所生之　　　　　事件，鑑於事出意外，雙方願相互讓步，成立和解，其和解內容如下：

一、（和解條件）

二、嗣後無論任何情形，甲乙任何一方或任何其他關係人均不得再向他方要求其他賠償或為任何請求，並不得再有異議及追究刑事責任等情事。

三、上列和解條件經當事人各方同意遵守特立此和解書為憑。

本和解書一式 □　　份　　　　□　　份，甲乙雙方各執　　份

另一份交由 □　見證人　　□　警察機關　　□　調解委員會

□　保險公司　□　其他 ＿＿＿＿＿＿＿＿＿ 留存

甲　方：　　　　　（簽名或蓋章）
身分證號：　　　　　聯絡電話：
聯絡地址：

乙　方：　　　　　（簽名或蓋章）
身分證號：　　　　　聯絡電話：
聯絡地址：

和解地點：

中華民國　　　年　　　月　　　日

適用時機：

　　當事人願息事寧人、相互讓步，以達解決糾紛之目的，即可使用此書面。

257

鄉鎮市調解條例

鄉鎮市調解條例

第 1 條　鄉、鎮、市公所應設調解委員會，辦理下列調
　　　　解事件：

　　　　一、民事事件。

　　　　二、告訴乃論之刑事事件。

第 2 條　調解委員會由委員七人至十五人組織之，並互
　　　　選一人為主席。

　　　　鄉、鎮、市行政區域遼闊、人口眾多或事務較
　　　　繁者，其委員名額得由縣政府酌增之。但最多
　　　　不得超過二十五人。

第 3 條　調解委員會委員（以下簡稱調解委員）由鄉、
　　　　鎮、市長遴選鄉、鎮、市內具有法律或其他專
　　　　業知識及信望素孚之公正人士，提出加倍人數
　　　　後，並將其姓名、學歷及經歷等資料，分別函
　　　　請管轄地方法院或其分院及地方法院或其分院
　　　　檢察署共同審查，遴選符合資格之規定名額，
　　　　報縣政府備查後聘任之，任期四年。連任續聘
　　　　時亦同。

　　　　調解委員出缺時，得補聘其缺額。但出缺人數

達總人數三分之一以上，而所餘任期在一年以
上者，應予補聘。

前項補聘之任期均至原任期屆滿時為止。

調解委員中婦女名額不得少於四分之一。

第 4 條 有下列情形之一者，不得為調解委員：

一、曾犯貪污罪，經判刑確定。

二、曾犯組織犯罪防制條例之罪，經提起公訴。

三、曾犯前二款以外之罪，受有期徒刑以上刑之
　　裁判確定。但過失犯罪或受緩刑宣告或易
　　科罰金者，不在此限。

四、曾受保安處分或感訓處分之裁判確定。

五、受破產宣告，尚未復權。

六、受監護或輔助宣告，尚未撤銷。

第 5 條 鄉、鎮、市長及民意代表均不得兼任調解委員。

第 6 條 鄉、鎮、市公所應於聘任調解委員並選定主席後
十四日內，檢附第二條及第三條有關資料，分
別函送縣政府、地方法院或其分院、地方法院
或其分院檢察署備查，並函知當地警察機關。

第 7 條 調解委員會調解時，應有調解委員三人以上出
席。但經兩造當事人之同意，得由調解委員一
人逕行調解。

第 8 條 調解委員會開會時，主席因故不能出席者，由調
解委員互推一人為臨時主席。

第 9 條　調解委員有第四條情形之一，或經通知而不出席調解全年達總次數三分之一以上者，應予解聘。

前項解聘，應送縣政府、地方法院或其分院、地方法院或其分院檢察署備查，並函知當地警察機關。

第10條　聲請調解，由當事人向調解委員會以書面或言詞為之。言詞聲請者，應製作筆錄；書面聲請者，應按他造人數提出繕本。

前項聲請，應表明調解事由及爭議情形。

第一條所定得調解事件已在第一審法院辯論終結者，不得聲請調解。

第11條　聲請調解，民事事件應得當事人之同意；告訴乃論之刑事事件應得被害人之同意，始得進行調解。

第12條　第一審法院得將下列事件，裁定移付調解委員會調解：

一、民事訴訟法第四百零三條第一項規定之事件。

二、適宜調解之刑事附帶民事訴訟事件。

三、其他適宜調解之民事事件。

前項調解期間，訴訟程序停止進行。但調解委員會於受理移付後二個月內不成立調解者，調解委員會應將該事件函送法院，續行訴訟程序。

第一項裁定不得抗告。

第13條　聲請調解事件之管轄如下：

　　　一、兩造均在同一鄉、鎮、市居住者，由該鄉、鎮、市調解委員會調解。

　　　二、兩造不在同一鄉、鎮、市居住者，民事事件由他造住、居所、營業所、事務所所在地，刑事事件由他造住、居所所在地或犯罪地之鄉、鎮、市調解委員會調解。

　　　三、經兩造同意，並經接受聲請之鄉、鎮、市調解委員會同意者，得由該鄉、鎮、市調解委員會調解，不受前二款之限制。

第14條　法院移付之調解事件，由被告住、居所、營業所、事務所所在地之調解委員會調解。但經兩造同意由其他調解委員會調解，並經該調解委員會同意者，不在此限。

第15條　調解委員會接受當事人之聲請或法院之移付後，應即決定調解期日，通知當事人或其代理人到場。

前項由當事人聲請者，調解委員會並應將聲請書狀或言詞聲請筆錄繕本一併送達他造；法院移付者，法院應將兩造當事人於訴訟進行中之書狀影本移送調解委員會。

第一項調解期日，應自受理聲請或移付之日起，不得逾十五日。但當事人聲請延期者，得延長十日。

第16條　調解委員對於調解事項涉及本身或其同居家屬時，經當事人聲請，應行迴避。

第17條　當事人兩造各得推舉一人至三人列席協同調解。

第18條　就調解事件有利害關係之第三人，經調解委員會之許可，得參加調解程序。調解委員會並得逕行通知其參加。

前項有利害關係之第三人，經雙方當事人及其本人之同意，得加入為當事人。

第19條　調解，由調解委員於當地鄉、鎮、市公所或其他適當之處所行之。

調解程序，不公開之。但當事人另有約定者，不在此限。

調解委員、列席協同調解人及經辦調解事務之人，對於調解事件，除已公開之事項外，應保守秘密。

第20條　當事人無正當理由，於調解期日不到場者，視為調解不成立。但調解委員會認為有成立調解之望者，得另定調解期日。

第21條　調解應審究事實真相及兩造爭議之所在，並得為必要之調查。

調解委員會依本條例處理調解事件，得商請有關機關協助。

第22條　調解委員應本和平、懇切之態度，對當事人兩造為適當之勸導，並徵詢列席協同調解人之意見，就調解事件，酌擬公正合理辦法，力謀雙

方之協和。

調解事件，對於當事人不得為任何處罰。

第23條　調解，除勘驗費應由當事人核實開支外，不得
　　　　徵收任何費用，或以任何名義收受報酬。

第24條　調解委員或列席協同調解之人，有以強暴、脅
　　　　迫或詐術進行調解，阻止起訴、告訴或自訴，
　　　　或其他涉嫌犯罪之行為，當事人得依法訴究。

第25條　調解成立時，調解委員會應作成調解書，記載
　　　　下列事項，並由當事人及出席調解委員簽名、
　　　　蓋章或按指印：

　　　　一、當事人或其法定代理人之姓名、性別、年
　　　　　　齡、職業、住、居所。如有參加調解之利
　　　　　　害關係人時，其姓名、性別、年齡、職
　　　　　　業、住、居所。

　　　　二、出席調解委員姓名及列席協同調解人之姓
　　　　　　名、職業、住、居所。

　　　　三、調解事由。

　　　　四、調解成立之內容。

　　　　五、調解成立之場所。

　　　　六、調解成立之年、月、日。

　　　　前項調解書，調解委員會應於調解成立之日起
　　　　三日內，報知鄉、鎮、市公所。

第26條　鄉、鎮、市公所應於調解成立之日起十日內，
　　　　將調解書及卷證送請移付或管轄之法院審核。

　　　　前項調解書，法院應盡速審核，認其應予核定

者，應由法官簽名並蓋法院印信，除抽存一份外，併調解事件卷證發還鄉、鎮、市公所送達當事人。

法院移付調解者，鄉、鎮、市公所應將送達證書影本函送移付之法院。

法院因調解內容牴觸法令、違背公共秩序或善良風俗或不能強制執行而未予核定者，應將其理由通知鄉、鎮、市公所。法院移付調解者，並應續行訴訟程序。

調解文書之送達，準用民事訴訟法關於送達之規定。

第27條　調解經法院核定後，當事人就該事件不得再行起訴、告訴或自訴。

經法院核定之民事調解，與民事確定判決有同一之效力；經法院核定之刑事調解，以給付金錢或其他代替物或有價證券之一定數量為標的者，其調解書得為執行名義。

第28條　民事事件已繫屬於法院，在判決確定前，調解成立，並經法院核定者，訴訟終結。原告得於送達法院核定調解書之日起三個月內，向法院聲請退還已繳裁判費三分之二。

告訴乃論之刑事事件於偵查中或第一審法院辯論終結前，調解成立，並於調解書上記載當事人同意撤回意旨，經法院核定者，視為於調解成立時撤回告訴或自訴。

第29條　因當事人聲請而成立之民事調解，經法院核定後有無效或得撤銷之原因者，當事人得向原核定法院提起宣告調解無效或撤銷調解之訴。

法院移付而成立之民事調解，經核定後，有無效或得撤銷之原因者，當事人得請求續行訴訟程序。

前二項規定，當事人應於法院核定之調解書送達後三十日內為之。

民事訴訟法第五百零二條及強制執行法第十八條第二項規定，於第一項、第二項情形準用之。

第30條　調解不成立者，當事人得聲請調解委員會給與調解不成立之證明書。

前項證明書，應於聲請後七日內發給之。

法院移付調解之事件，經調解不成立者，調解委員會應即陳報移付之法院，並檢還該事件之全部卷證。

第31條　告訴乃論之刑事事件由有告訴權之人聲請調解者，經調解不成立時，鄉、鎮、市公所依其向調解委員會提出之聲請，將調解事件移請該管檢察官偵查，並視為於聲請調解時已經告訴。

第32條　鄉、鎮、市公所應於每年一月及七月，將前半年辦理調解業務之概況，分別函送縣政府、地方法院或其分院、地方法院或其分院檢察署備查。

第33條　鄉、鎮、市調解委員會置秘書一人，由鄉、鎮、市長指派鄉、鎮、市公所內大學、獨立學院法律學系或其相關學系畢業或經公務人員法律相關類科考試及格之人員擔任；業務繁重之鄉、鎮、市得置幹事若干人，由鄉、鎮、市長指派鄉、鎮、市公所內適當人員擔任；其設置基準由內政部定之。

第34條　調解委員會之經費，應由鄉、鎮、市公所就實際需要，編入鄉、鎮、市自治預算。但法院裁定移付調解事件之經費，由法院負擔。

　　　　為加強調解業務之推展，內政部、法務部及縣政府得按各鄉、鎮、市調解委員會之績效，編列預算予以獎勵。

第35條　區調解委員會委員之聘任、連任或解聘，應由區長報請市政府同意後為之。

　　　　本條例除前項規定外，於直轄市、市之區調解委員會準用之。

第36條　法院移付調解之辦法，由司法院定之。

第37條　本條例自公布日施行。

　　　　本條例中華民國九十八年十二月十五日修正之條文，自九十八年十一月二十三日施行。

國家圖書館出版品預行編目資料

有糾紛？找調解會！／法蘭客著. --初版.--
臺中市：白象文化，2020.1
　　面；　公分.——（知識²；18）
ISBN　978-986-358-922-8（平裝）
1.調解
586.48　　　　　　　　　　　108019728

知識²（18）

有糾紛？找調解會！

作　　　者　法蘭客
校　　　對　法蘭客、林金郎
專案主編　黃麗穎
出版編印　吳適意、林榮威、林孟侃、陳逸儒、黃麗穎
設計創意　張禮南、何佳諠
經銷推廣　李莉吟、莊博亞、劉育姍、李如玉
經紀企劃　張輝潭、洪怡欣、徐錦淳、黃姿虹
營運管理　林金郎、曾千熏
發 行 人　張輝潭
出版發行　白象文化事業有限公司
　　　　　412臺中市大里區科技路1號8樓之2（臺中軟體園區）
　　　　　出版專線：（04）2496-5995　　傳真：（04）2496-9901
　　　　　401臺中市東區和平街228巷44號（經銷部）
　　　　　購書專線：（04）2220-8589　　傳真：（04）2220-8505
印　　　刷　基盛印刷工場
初版一刷　2020年1月
定　　　價　300元

白象文化　印書小舖 PressStore　出版・經銷・宣傳・設計
www.ElephantWhite.com.tw　自費出版的領導者　購書 白象文化生活館